Cómo Dejar De
PROCRASTINAR

Métodos sencillos y eficaces para superar cualquier tarea fácilmente y a tiempo

WILLIAM RICHARDS

© Copyright 2021 - Todos los derechos reservados.

El contenido de este libro no puede ser reproducido, duplicado o transmitido sin la autorización directa por escrito del autor o del editor.

Bajo ninguna circunstancia se podrá culpar o responsabilizar legalmente al editor, o al autor, por cualquier daño, reparación o pérdida monetaria debida a la información contenida en este libro, ya sea directa o indirectamente.

Aviso legal:

Este libro está protegido por derechos de autor. Es sólo para uso personal. No se puede modificar, distribuir, vender, utilizar, citar o parafrasear ninguna parte, ni el contenido de este libro, sin el consentimiento del autor o del editor.

Aviso de exención de responsabilidad:

Tenga en cuenta que la información contenida en este documento tiene únicamente fines educativos y de entretenimiento. Se ha hecho todo lo posible por presentar una información precisa, actualizada, fiable y completa. No se declaran ni se implican garantías de ningún tipo. Los lectores reconocen que el autor no se dedica a prestar asesoramiento legal, financiero, médico o profesional. El contenido de este libro procede de diversas fuentes. Por favor, consulte a un profesional con licencia antes de intentar cualquier técnica descrita en este libro.

Al leer este documento, el lector acepta que, bajo ninguna circunstancia, el autor es responsable de cualquier pérdida, directa o indirecta, en la que se incurra como resultado del uso de la información contenida en este documento, incluyendo, pero sin limitarse a, errores, omisiones o inexactitudes.

ÍNDICE DE CONTENIDOS

INTRODUCCIÓN

Este libro contiene todo lo que necesitas saber sobre la procrastinación y por qué nos cuesta tanto dejarla.

Desde que la ciencia puede recordar, la humanidad ha procrastinado. La palabra griega antigua *akrasia* significa actuar en contra del propio juicio (Clear, 2018). Lo que significa esencialmente es que haces algo diferente a lo que sabes que debes hacer.

Por ejemplo, lavar los platos en lugar de ir al gimnasio (como has querido hacer durante los últimos seis meses). Aunque lavar los platos sigue siendo una tarea importante, actualmente no es la tarea en la que deberías centrarte.

Lavar los platos tiene una gratificación inherente e inmediata: la cocina está limpia y te sientes bien por haber completado una tarea que probablemente no disfrutas haciendo. Por otro lado, ir al gimnasio no tendrá ningún efecto inmediato que notes, por lo que estarás menos inclinado a seguir haciendo ejercicio.

Así es como florece la procrastinación, no importa las buenas intenciones que tengamos, la gratificación inmediata gana a los posibles beneficios futuros. Planificar el futuro suena muy bien sobre el papel, pero cuando empiezas a pensar en ello durante demasiado tiempo se te revuelve la cabeza y pospones lo que sabes que tienes que hacer para alcanzar ese futuro imaginado.

Los siguientes capítulos tratarán en profundidad sobre por qué procrastinamos, cómo podemos dejar de procrastinar y cómo reconocer las señales de que estás cayendo de nuevo en la trampa de la procrastinación.

Capítulo 1: La psicología de la procrastinación

Este capítulo pretende ayudarle a entender qué es la procrastinación, qué la desencadena y con qué problemas psicológicos podría estar relacionada.

Procrastinar viene de la palabra latina *cras,* que significa literalmente "mañana". ¿Cuántas veces nos hemos dicho a nosotros mismos "lo haré mañana"? Eso es la procrastinación. Dejar para otro momento lo que podría hacerse ahora mismo.

¿Ponerse en forma y comer sano? Mañana. ¿Empezar tu propio negocio? Mañana. Hay mucho que hacer, mucha investigación y papeleo. Ya lo harás mañana cuando estés más descansado o cuando tengas más tiempo. Hay un sinfín de razones que se nos ocurren para hacer las cosas "mañana".

Por eso, al planificar las cosas con antelación, el día de mañana se convierte en un asunto mucho más importante de lo que pensamos. Al principio, pensamos que "sólo este día" no tendrá un impacto tan grande, pero esos días tienden a acumularse de forma drástica. Acabaremos cayendo en el hábito de posponer las cosas.

Al establecer objetivos, estás planificando tu futuro, imaginando las cosas que quieres del futuro o imaginando cómo será tu vida después de haber alcanzado esos objetivos. Pueden ser cualquier cosa, desde perder peso hasta fijar una reunión con tu jefe para negociar un aumento o un ascenso, pasando por cualquier afición que desees convertir en una carrera o negocio a tiempo completo.

Muchos de estos planes de futuro no le afectarán inmediatamente. No habrá ningún beneficio inmediato para ti al perseguir estos objetivos. El único impacto que tendrá, por lo que se ve, es que tendrás que dejar de comer la chatarra que te gusta (si tu objetivo es perder peso) o que tendrás que dedicar mucho tiempo a tomar notas, hacer listas y elaborar un presupuesto (si tu objetivo es montar tu propio negocio).

Todos estos son objetivos que se materializarán en el futuro. Las tareas que se les asignan nos beneficiarán en el futuro, pero no en este momento, por lo que hacerlas se siente como una lata.

Hace mucho tiempo, cuando todavía éramos cazadores-recolectores que corrían por las llanuras abiertas en busca de nuestra cena, o por el contrario, lejos de convertirse en la cena de otra persona, vivíamos en lo que se denomina un entorno de retorno inmediato.

Lo que esto significa es que las acciones que se llevaron a cabo tuvieron algún tipo de beneficio inmediato. ¿Tienes hambre? Ve a cazar. ¿Tienes sed? Pásate por el arroyo. El cerebro humano no se diseñó para enfrentarse constantemente a tareas difíciles o aterradoras. La caza resuelve un problema inmediato y, aunque tiene un elemento de peligro, es esencial para la supervivencia. Evitamos pelearnos con la fauna salvaje a menos que tenga una recompensa inmediata (Martin, s.f.).

El entorno de retorno inmediato duró hasta que los humanos se dieron cuenta de que necesitaban planificar algún tipo de futuro. En algún momento, después de darse cuenta de que el invierno rendía poco en términos de comida, tuvieron que adaptarse. Tuvieron que empezar a cazar presas más grandes o a cazar con más frecuencia en el período previo a los meses más fríos. Tuvieron que empezar a recolectar granos, bayas y otra vegetación que duraba más que la carne. Se adaptaron al entorno en el que se encontraban y se enseñaron a sí mismos, y a sus descendientes, técnicas que acabarían poniendo en marcha la evolución de la humanidad.

Los problemas actuales a los que se enfrenta el ser humano no son los problemas inmediatos del medio ambiente (depredadores, clima, etc.), sino que los problemas a los que nos enfrentamos son del futuro, dentro de diez, veinte, quizá cincuenta años.

Por ejemplo, podrías estar con tus amigos en un bar un viernes por la noche, pasándolo bien. Sin embargo, en el fondo de tu cabeza puedes estar pensando en cómo ha ido la jornada laboral. Un grupo de música sube al escenario y tu mente empieza a divagar: "Estos tipos son geniales; nunca debí dejar de aprender a tocar la guitarra. Quizá todavía pueda aprender. ¿Y si no hubiera abandonado, habría llegado donde ellos están ahora? ¿Debería dejar mi trabajo para dedicarme a mis sueños?".

La mayor distinción entre un entorno de retorno inmediato y un entorno de retorno retardado es la retroalimentación rápida. Vivir en un entorno de retorno inmediato conduce a resultados inmediatos, por eso los animales hacen lo que hacen. Ven a un depredador, huyen y están a salvo para pastar otro día. Saben que cuando ven al depredador, necesitan estresarse para escapar. Nosotros no tenemos esa ventaja en la era moderna.

Hace miles de años, cuando vivíamos en el mismo tipo de entorno que los animales, el estrés y la ansiedad eran emociones útiles. Proporcionaban las señales que nuestro cerebro necesitaba para reaccionar en modo de lucha o huida, permitiéndonos actuar inmediatamente ante el peligro presente.

Los animales salvajes rara vez experimentan estrés crónico porque rara vez hubo problemas crónicos para inducir dicho estrés crónico (Clear, 2018).

Imagina, por ejemplo, que un depredador aparece en tu entorno inmediato. Tu cerebro registra el estrés y los cambios fisiológicos que lo acompañan. Huyes y el estrés se alivia.

Así es como el cerebro humano evolucionó para utilizar la ansiedad y el estrés en su beneficio. La ansiedad era una emoción que protegía a los humanos en su entorno. Es más eficaz en situaciones a corto plazo y no se ha adaptado bien a nuestro entorno actual de retorno retardado. Como resultado, cuando nos enfrentamos a la ansiedad relacionada con una tarea desagradable que nos llevará más de cinco minutos resolver, nos apoyamos en la procrastinación para protegernos.

La ciencia detrás de la procrastinación

Nuestro cerebro es como un drogadicto: adicto a la dopamina producida por las experiencias que nos resultan agradables. Cuanto mayor sea la probabilidad de que una tarea nos resulte placentera, mayor será la probabilidad de que elijamos esa tarea en lugar de cualquier otra. Nuestro cerebro buscará activamente este tipo de tareas, mientras que ignorará activamente las que tengan una recompensa menos agradable.

El hecho de que recompensemos este comportamiento con dopamina significa que nuestro cerebro irá a por la siguiente dosis, sin importar si hay otras tareas más importantes por delante.

El cerebro humano está programado para disfrutar de la procrastinación porque las recompensas son inmediatas y placenteras en comparación con la tarea que se está evitando. Hay una lucha constante entre el sistema límbico (la zona del placer) y el córtex prefrontal (la zona de la planificación) del cerebro. Cuando el sistema límbico gana, por mucho tiempo que sea, el resultado es la procrastinación.

Por desgracia, el sistema límbico es más fuerte que el córtex prefrontal. Además, está totalmente desarrollado desde el nacimiento y funciona sin pensamiento consciente. El sistema límbico controla el estado de ánimo, el instinto y las emociones. Es el sistema del cerebro que envía una señal a la mano para que se aleje de la llama abierta y no se haga daño. Del mismo modo, envía señales para evitar otras tareas desagradables o peligrosas.

El córtex prefrontal es donde se produce la planificación y la elección consciente y necesita ser activado conscientemente. También es la parte que nos separa de los animales que funcionan por instinto (como se requiere en el entorno de retorno inmediato).

Debido a que el córtex prefrontal es la parte más débil de nuestro cerebro, el sistema límbico conseguirá con más frecuencia tomar el control cuando se presente la tentación. Sin embargo, cuando la procrastinación se pone en marcha, no son las únicas partes del cerebro que entran en juego. La amígdala entra en acción con su respuesta emocional automatizada (ver león, tener estrés). Lo que sigue es una acumulación de ansiedad hasta el punto de que el cerebro se paraliza.

Al no querer ser vistos como perezosos, quienes procrastinan suelen responder a esta reacción emocional tomando el control y permitiendo que la corteza prefrontal domine. Otras veces, si la respuesta emocional es demasiado severa y la persona se siente abrumada, se crea una reacción de lucha (resistencia a la tarea) o de huida (ignorando los sentimientos), lo que hace que el sistema límbico trabaje más duro para su solución. Así es como el cerebro nos protege contra los estimulantes ambientales emocionales (Daftardar, 2018).

Capítulo 2: Por qué

PROCRASTINAMOS

Dediquemos un momento a analizar las razones por las que procrastinamos. A menudo se nos dice que "dejemos de ser perezosos y lo hagamos". ¿En realidad sólo somos perezosos, o hay una razón más profunda y compleja detrás de esto que nos atormenta?

Claro, podría haber algún elemento de verdad en que la procrastinación sea el resultado de ser perezoso, sin embargo, la mayoría de las veces es mucho más complicado que eso. A menudo nos da pereza, pero hay una gran diferencia entre la procrastinación y la pereza (Burton, 2015).

La pereza es simplemente elegir hacer otra cosa, que en la mayoría de los casos parece más fácil o más placentera sólo porque el *esfuerzo* que supone hacer la tarea principal es aparentemente demasiado. Aunque tanto la pereza como la procrastinación tienen como factor la falta de motivación, la principal diferencia entre ambas es que la procrastinación tiene la intención general de completar la tarea importante (porque queremos hacerlo, excepto que hay muchos factores implicados en ella y, ¡oh, mira un cachorro!

Existe un consenso generalizado de que se reduce a la fuerza de voluntad, pero en realidad, la procrastinación tiene muchas causas, muchas fuentes, y puede superarse con diferentes enfoques. Comprender las causas de la procrastinación te permitirá conocerte mejor a ti mismo y adaptar cualquier consejo que encuentres en este libro (o en cualquier otro) para que te funcione.

Confiar en el autocontrol sólo le llevará hasta cierto punto, simplemente por el hecho de que hay muchos factores que afectan a la cantidad de energía (o fuerza de voluntad) que tenemos que gastar para restringir los hábitos. La mayoría de las veces, procrastinar no se debe a que la tarea que queremos realizar sea difícil u horrible, sino a la acumulación de ansiedad que hace que nos alejemos de la tarea que tenemos que hacer.

Hay una cualidad inherente a la tarea que nos desanima. *Algo* que desencadena una respuesta de lucha o huida, que nos hace posponerla hasta el último momento, cuando nos hemos arrinconado.

Aunque no es necesariamente una parte importante de la procrastinación, a algunas personas les resulta difícil dejar de lado la idea de que la tarea en cuestión debe completarse lo más cerca posible de la perfección. Quieren hacer el mejor trabajo posible y tienden a perderse en los pequeños detalles y acaban perdiendo mucho tiempo. Sin embargo, muchas otras personas consideran que esto es ser perezoso.

El truco está en que, sí, quieres hacer un buen trabajo, o incluso un trabajo excelente, pero también tienes que hacer *realmente* el trabajo.

No puedes seguir investigando para tu negocio sin dar el paso adelante y hacerlo realmente.

Puedes planificar tus comidas y tus horarios de gimnasio tanto como quieras, pero tendrás que pisar realmente un gimnasio y empezar o nunca lo harás. Pasar demasiado tiempo intentando la perfección cuando, la mayoría de las veces no es realmente necesario, hará que te estanques y sigas posponiendo la tarea porque parece muy desalentadora.

El exceso de planificación debe atemperarse con un poco de abandono de vez en cuando. Sin embargo, ¡tenga cuidado! No se puede avanzar a trompicones sin al menos un poco de planificación, lo que también es un síntoma de procrastinación. Al no tener un objetivo claro, ni una pauta, ni ninguna forma de planificación, acabarás persiguiendo tu cola (Kadavy, 2018).

Mientras nuestro autocontrol y nuestra motivación sean mayores que el impacto de estos factores negativos, seremos capaces de superar los episodios de procrastinación. Por el contrario, cuando los efectos de estos factores negativos superan nuestro autocontrol, seguiremos procrastinando.

Entonces, ¿*cómo* encontrar el equilibrio?

Para vencer la procrastinación, tendrá que identificar sus propios malos hábitos. Una vez que hayas averiguado qué es lo que desencadena tu ataque de procrastinación, avanzar hacia una solución será fácil, o al menos *más fácil*.

Hay factores que entran en juego y que hacen que resistirse a la procrastinación sea mucho más difícil. Estos factores varían de una persona a otra y van desde el agotamiento mental hasta no tener nada que mostrar por el esfuerzo ya realizado para alcanzar su objetivo.

Nuestro autocontrol no es ilimitado. Cualquier cosa que haga aflorar los efectos de los factores negativos hará que sea más fácil ceder a la procrastinación. Sin embargo, hay excepciones. Para las personas que procrastinan para añadir un factor de emoción a la tarea, como esperar hasta la noche anterior para completar un trabajo que vale el 50% de su nota, el acto de procrastinar no es un obstáculo en este caso, sino una herramienta para lograr su objetivo final.

Razones para procrastinar

La procrastinación es algo con lo que todos luchamos, y se puede frustrar con las herramientas adecuadas. Averiguar qué es lo que te hace procrastinar, como individuo, es siempre el primer paso.

Puedes repasar la siguiente lista e identificar algunos de los factores que puedes notar en ti mismo. Como he dicho, conocer es la primera batalla ganada.

Como nota al margen, si cree que su procrastinación es mucho más profunda que el estrés, busque orientación profesional. Nunca te autodiagnostiques problemas mentales, ya que esto podría ser potencialmente perjudicial para tu salud y bienestar.

Objetivos poco claros

Los objetivos poco claros o vagos aumentarán la probabilidad de procrastinación.

Los objetivos como montar tu propio negocio o ponerte en forma siguen siendo válidos, pero son vagos e indefinidos. Puedes cambiar esto no sólo para que la tarea sea más manejable (véanse los capítulos 7, 8 y 9), sino también para que el objetivo parezca más concreto.

Además, si tu objetivo es improbable, como ganar un millón de dólares antes de los 40 y faltan dos meses para tu cumpleaños, la procrastinación es inevitable.

Recompensas a largo plazo

Somos más propensos a procrastinar porque las recompensas por completar esta tarea están lejos en el futuro. Ir al gimnasio hoy no parece tener ninguna recompensa para ti en este momento, pero si sigues haciéndolo, tendrás ese cuerpo duro y listo para la playa que siempre has deseado.

Sin embargo, tendemos a centrarnos en la gratificación inmediata porque el futuro es un concepto muy abstracto, por lo que tendemos a retrasar la realización de tareas de las que no podemos ver una recompensa inmediata. Puede que falten semanas para el examen y, sin duda, a cualquiera le iría mejor si empezara a estudiar antes, pero la consecuencia aún no se ha convertido en una amenaza siempre presente. Así que lo posponen hasta la noche anterior al examen.

También es importante tener en cuenta que si la recompensa a largo plazo es baja, o inferior a la esperada, lo más probable es que ni siquiera dejarla para la noche anterior estimule a alguien a hacer nada. El valor reside en la recompensa y no en el tiempo que se tarda en completar una tarea. Lo mismo puede decirse del castigo o las consecuencias de no completar una tarea en el tiempo previsto.

Si el castigo está lejos en el futuro, será tan improbable que actuemos como si la recompensa estuviera lejos en el futuro.

Convertirlo en un problema de futuro

Las personas que utilizan esta forma de procrastinación no ven a su yo futuro como una parte de sí mismas. Cualquier problema que pueda surgir por no completar las tareas se convierte en un problema del futuro.

Necesitan comer mejor y llevar un estilo de vida más saludable, pero ven las consecuencias como algo demasiado lejano para que les afecte y, por tanto, se desvinculan, continuando con los malos comportamientos que afectarán a su salud.

De este modo, el yo del presente posterga las cosas porque el yo del futuro se ocupará de cualquier problema que surja. De la misma manera, posponen la realización de tareas porque las recompensas no les beneficiarán ahora, sino que beneficiarán al yo futuro. Tienden a tratar al yo futuro como un rival y a concederle las mismas cortesías.

Esperando algo mejor

Esto es exactamente como suena. Te abstienes de hacer algo ahora porque esperas que en algún momento surja algo mejor por sí mismo. La gente tiende a evitar la acción, a evitar el gasto de energía en una tarea que cree que no necesitará mantener porque llegará algo mejor y necesitará toda su energía para esa tarea. Este tipo de mentalidad puede llevar y llevará fácilmente a la procrastinación a largo plazo.

Tomando de nuevo el ejemplo del ejercicio, alguien podría evitar activamente comenzar cualquier forma de ejercicio (esto incluye salir a caminar o hacer un entrenamiento en casa) porque está planeando inscribirse en un gimnasio más tarde. Evitarán empezar a alcanzar su objetivo de salud porque creen que pueden estar mejor preparados si empiezan exactamente con lo que quieren. A menudo creen que no podrán cambiar de plan de ejercicios a mitad de camino y, por lo tanto, aguantan para poner en marcha su plan.

Por desgracia, las personas que utilizan esta forma de procrastinación rara vez la cumplen. Son las personas de "lo haré el lunes" que pierden su oportunidad y en lugar de hacerlo en el momento en que se les ocurre. Al día siguiente volverán a caer en el ciclo de "perdí mi oportunidad; lo haré el próximo lunes en su lugar".

Optimista sobre las capacidades futuras

Esto alude a que las personas son optimistas en cuanto a su propia capacidad para realizar las tareas en un momento posterior en el futuro. Esto hace que la persona crea que la cantidad de tiempo que se le asigna para completar una tarea es más de lo que necesita y la completará antes.

"Tengo tiempo más que suficiente".

Es muy posible que un estudiante decida empezar su tarea en una fecha posterior debido a que es optimista sobre el tiempo que se le ha dado (tengo dos semanas para esta tarea, es tiempo más que suficiente) y optimista sobre sus capacidades para rendir como se imagina que podría hacerlo (el tema es tan fácil que podría escribirlo en un día si es necesario y aún así aprobarlo).

Sobrestiman sus propias capacidades para *realizar* la tarea y aplazan el trabajo, aunque sea un tema recurrente para ellos. Lo más probable es que estas personas se prometan a sí mismas que lo harán definitivamente mañana y que la próxima vez empezarán antes.

Indecisión

Procrastinamos porque tener que elegir entre dos tareas aparentemente similares con resultados diferentes nos abruma y no tenemos la capacidad de elegir (véase el capítulo 4 sobre las elecciones que hacemos). Las personas propensas a este tipo de procrastinación son incapaces de completar las tareas a tiempo. Sencillamente, no pueden decidir qué curso de acción tomar y acaban por estancarse.

Un ejemplo sencillo sería el de aplazar el inicio de una dieta o la asistencia al gimnasio porque no está seguro de a qué atenerse. Todos parecen prometedores. Todos parecen el programa perfecto para ti y, sin embargo, sabes que no puedes sacarlos de un sombrero porque, ¿qué pasa si eliges el equivocado?

Escribir su propio libro es una perspectiva emocionante, pero con el aparentemente gran número de temas que puede elegir, empezar es la parte más difícil de completar esa tarea. Lo pensarás demasiado.

Hay factores en juego que debes tener en cuenta:

1. **Demasiadas opciones.** Cuantas más opciones tengas para elegir, más difícil será tomar una decisión. Habrá demasiadas opciones para que tu cerebro se concentre, diseccione y decida antes de que se congele y se apague.

2. **Demasiadas similitudes!** Si las opciones que tienes son similares en valor, el pago es similar, o la cantidad de esfuerzo que supone completar la tarea es similar, es más probable que procrastines sobre qué opción elegir primero. Esto es especialmente cierto si no se pueden clasificar fácilmente según la importancia o la urgencia.

3. **Demasiada presión.** El factor más importante aquí es que cuanto más importante es la tarea, más difícil es tomar la decisión. Cuanto mayores sean las

consecuencias, más difícil será tomar la decisión. Por ello, aplazar la elección se convierte en la norma.

La necesidad constante de tomar una decisión agota tus reservas, lo que te permite adoptar un mal comportamiento, como procrastinar, porque estás demasiado cansado para concentrarte en ese preciso momento. Es probable que decidas que mañana será un mejor día para abordar la tarea.

Procrastinar te permite reponer tus reservas, sin embargo, dudar constantemente hará que la recompensa de la procrastinación se agote mucho antes, haciendo que vuelvas a procrastinar.

Sentirse abrumado

Estar abrumado hace que el cerebro humano intente protegerse, provocando que procrastines. Si el número de tareas que tienes que realizar es mayor de lo que puedes manejar, las probabilidades de que evites todas las tareas hasta que tengas una mejor comprensión de la situación son mayores. Si divides un objetivo mayor en tareas más pequeñas, podrías sentirte abrumado por el gran volumen de tareas que se derivan de él, en lugar del desalentador objetivo en su conjunto.

Si tu objetivo es convertirte en culturista, acabas dividiendo ese objetivo en tareas más pequeñas como decidir un gimnasio, elegir un programa de ejercicios, elegir un plan de comidas, decidir si necesitas un entrenador o no, elegir una fecha para tu competición, determinar los requisitos previos para poder entrar en una competición, etc. Todo esto es tan abrumador y desalentador como el objetivo principal.

Ansiedad

Debido a la forma en que está conectado el cerebro humano, nuestra respuesta por defecto a la ansiedad es evitarla. Evitar una tarea porque induce una gran ansiedad es lo que provoca estos tipos de procrastinación. Por ejemplo, si siempre te sientes ansioso al hacer tus finanzas, puedes acabar posponiéndolas hasta que ya no puedas aplazarlas.

El inconveniente de esto es que aplazar la tarea puede aumentar los niveles de ansiedad existentes, causando mucha más angustia de la que había al principio. Esto se conoce como un bucle de retroalimentación. Estás ansioso por una tarea, así que la pospones. Ahora te sientes ansioso por aplazar la tarea y la dejas para más adelante.

Los sentimientos de ansiedad no desaparecen hasta que se ha completado la tarea, eliminando todas las fuentes de ansiedad relacionadas con el inicio y la finalización de la tarea.

Aversión a las tareas

Pedir una cita con el dentista entra en esta categoría. Muchas personas evitan llamar por teléfono para concertar citas porque la tarea en sí es desagradable. Se procrastina todo lo posible (algunas personas lo evitan por completo y hacen que otras personas lo hagan por ellas) para no tener que ocuparse de la tarea. Cuanto más te disgusta hacer algo, más posibilidades de procrastinación y evasión tiene dicha tarea.

Puede que no se trate sólo de que no le guste hacer algo (hablar por teléfono), sino también de que recuerde malas experiencias (que el dentista le hiciera daño aquella vez cuando era niño). La tarea que evitas puede ser aburrida, consumir mucho tiempo o sentir que es demasiado difícil para la recompensa propuesta.

Perfeccionismo

El perfeccionismo provoca la procrastinación debido a la necesidad de que una tarea se complete perfectamente. Este tipo de procrastinación lleva a la persona a hacer cantidades interminables de investigación o a reescribir capítulos enteros a la vez con el fin de conseguirlo "justo". Las personas procrastinan porque el riesgo de fracasar o de cometer un pequeño error es tan alto (en sus propias mentes, ciertamente) que posponen su realización.

Intentar llevar un proyecto a un nivel que consideres impecable sólo provoca un gran estrés autoinducido. Acabas reelaborando el mismo proyecto en un ciclo interminable, aplazando su publicación o abriéndolo a la revisión por pares, aunque lleve semanas terminado. Aunque es razonable querer producir un trabajo de buena calidad, aspirar a algo que posiblemente sea inalcanzable es sólo una excusa para retrasar la entrega del proyecto.

Sin embargo, es importante tener en cuenta que no todos los perfeccionistas gravitarán hacia la procrastinación. En algunos casos, ser un perfeccionista será sin duda la fuerza motriz para completar todas las tareas dadas de manera oportuna. El perfeccionismo, en este caso, es algo bueno porque no hay procrastinación ni deseo de retrasar debido a la percepción de falta de perfección.

Miedo a los comentarios negativos

Tener miedo de lo que piensen los demás es una causa para procrastinar. No publicar un libro en el que se ha trabajado mucho porque se tiene miedo de los posibles comentarios negativos que puedan surgir de él es el núcleo de este tipo de procrastinación.

Estos temores suelen ser exagerados e injustificados. Podrías tener miedo a publicar debido a la percepción de que los comentarios negativos son mucho mayores de lo que podrían ser. Está imaginando un futuro en el que a nadie le gustará su libro, o en el que los críticos lo destrozarán. Cuando, en realidad, lo más probable es que la respuesta más acertada sea menos dramática.

Miedo al fracaso

Fracasar en ciertas cosas es simplemente un hecho de la vida, y sin embargo nos encontramos rehuyendo cualquier tarea que pueda tener ese potencial para nosotros. Además, cuanto más importante sea la tarea para ti, más miedo tendrás al fracaso.

Por ejemplo, podrías tener miedo de que tu negocio en casa no despegue, por lo que evitas empezar con él o evitar ponerlo a disposición del público. Te dices a ti mismo que lo estás "afinando", y esto es para evitar el fracaso.

Tener una baja autoestima y padecer dudas sobre uno mismo (véase el capítulo 11) podría agravar este miedo. Si eres propenso a centrarte en los aspectos negativos de cualquier situación, también eres más propenso a sentir el miedo asociado al fracaso percibido.

Al igual que ocurre con el perfeccionismo, el miedo al fracaso no siempre obliga a recurrir a la procrastinación. En algunos casos, cuando tienes todas las herramientas a tu disposición, el miedo a fracasar o a meter la pata sirve de motivación para completar las tareas a tiempo.

Ten en cuenta que el perfeccionismo y el miedo al fracaso y a la retroalimentación negativa suelen ir de la mano. En teoría, podrían estar presentes al mismo tiempo, pero son independientes el uno del otro en la forma en que afectan potencialmente a nuestra capacidad de resistirnos a procrastinar.

Puede que confíes en tu capacidad para realizar una tarea, pero que sigas postergándola porque crees que la gente reaccionará negativamente ante el resultado final. También puedes tener miedo a fracasar, aunque seas la única persona que vea el resultado final.

Auto-manipulación

No debe confundirse con el autosabotaje, aunque ambos tienen características y razonamientos similares. Las personas que utilizan este método suelen utilizar la procrastinación como excusa para sus fracasos, en lugar de achacar el fracaso a sus capacidades (o a la falta de ellas).

Piensa en ello como un chivo expiatorio. Por ejemplo, dejas la redacción de tu informe para el último momento. Cuando te devuelvan las notas y sean malas, podrás culpar con toda seguridad al hecho de que lo dejaste para más tarde y no porque no entendieras el tema en cuestión.

Aquí, la procrastinación actúa como un mecanismo de defensa. Si una persona fracasa debido a sus propias capacidades, la represalia recae directamente sobre ella. Si fracasa debido a la procrastinación o a que "se le acabó el tiempo", le echa la culpa a eso y evita la negatividad asociada a ese fracaso.

Autosabotaje

El autosabotaje se diferencia de la auto-manipulación en que estas personas creen firmemente que no son dignas de estar en una mejor posición en la vida. Procrastinan la búsqueda de nuevas oportunidades porque, en su opinión, no merecen el esfuerzo que supone salir de su zona de confort (por muy infelices que sean en ese entorno).

Los motivos por los que las personas se autosabotean varían, pero sobre todo los que procrastinan de esta manera son más propensos a tener otros comportamientos relacionados, como alejar a los que desean ayudar.

No creer en su éxito

No creer en tus propias capacidades para lograr tus objetivos te hará caer en la "seguridad" que supone la procrastinación. Si le encargan una tarea que no cree que pueda realizar, sin duda la aplazará todo lo posible. Lo más probable es que esto se deba a que cree que lo más probable es que fracase en la tarea de todos modos.

Muchas personas tienen diferentes niveles de confianza en sí mismas cuando se trata de diversos ámbitos de su vida. Alguien que es excelente presentando o hablando frente a una gran audiencia podría tener una menor autoeficacia cuando se trata de completar tareas administrativas básicas. La autoeficacia se define como la creencia en las propias capacidades para completar una tarea con éxito.

Si eres un experto en tu campo, digamos que llevas estudiando los dinosaurios desde los cinco años y esta pasión se te quedó grabada y ahora eres un paleontólogo muy conocido, tu autoeficacia es alta. Ahora, si te metes en un entorno en el que te sientes fuera de lugar e inseguro, como un evento social en el que tienes que mezclarte con gente con la que no tienes nada en común, tu nivel baja como la espuma.

Esto también significa que si eres experto en algo, tu capacidad de autorregulación (control de tu comportamiento) también es mayor, lo que significa que es más probable que termines las tareas que se te encomienden y que estén dentro de tu campo de experiencia. Por el contrario, no podrá autorregularse tan eficazmente si cree que va a fracasar.

Falta de control

Es más probable que la procrastinación tenga lugar si sientes que no tienes control sobre tu situación. Por ejemplo, es más probable que procrastines una tarea si sientes que tus esfuerzos no serán tenidos en cuenta y serán criticados por tu madre/jefe/compañero de trabajo, sin importar cuánto trabajo le hayas dedicado.

El control se experimenta de forma interna o externa (el locus de control o la localización del autocontrol). Aunque la percepción de la falta de control es individualizada, puede resumirse en cualquiera de las siguientes categorías, y se puede caer en cualquiera de ellas, o en cualquiera de las dos, dependiendo de la tarea:

1. Los que se **orientan internamente** sienten que tienen un mayor nivel de control sobre sus vidas y sus elecciones. Se sienten validados, independientemente de lo que piensen los demás sobre cualquier aspecto de su vida y acaban

empezando las tareas importantes a tiempo y completándolas de forma puntual.

2. Los que se **orientan hacia el exterior** sienten que tienen un menor nivel de control sobre su vida y sus elecciones. Sienten que los factores externos gobiernan sus elecciones. Cosas como otras personas o cosas de tu entorno inmediato te controlan. Se valora a sí mismo sólo en la medida en que los demás le valoran.

Problemas neurológicos

La procrastinación se considera un defecto de la personalidad, una señal de que algo debe estar mal porque uno sabe lo que debe hacer pero parece que no puede hacerlo. Sin embargo, trastornos como el TDA, el TDAH, los Trastornos del Espectro Autista, como la Evitación Patológica de la Demanda, y la depresión tienen raíces en la procrastinación.

En gran medida, estas condiciones coexisten y son casi imposibles de eliminar. Sí, hay medicamentos y programas para ayudar a tratar los síntomas relacionados con estas desviaciones neurológicas, pero algunas cosas como el autismo no se pueden eliminar de una persona.

Aquí vamos a profundizar en las razones neurológicas que hay detrás de la procrastinación: las razones que son el catalizador que empuja a algunos a procrastinar, ya sea como resultado de un trastorno o como medio para afrontarlo.

La mayor correlación que tienen en común todas estas desviaciones es la evitación. Evitar las tareas que agravan los sentimientos de depresión o que son un resultado directo (o síntoma) de este problema neurológico. Es importante señalar que la evitación no es una compañera constante de estos problemas, sino que, al igual que la procrastinación, aparece y desaparece en función de la información del entorno.

Un proceso de pensamiento común para este tipo de personas es que otros que no sufren los mismos problemas neurológicos parecen "tenerlo todo". Sentirán que, de alguna manera, no valen nada porque son incapaces de "ponerse las pilas" para hacer las cosas. Este bloqueo neurológico puede abarcar desde la higiene personal hasta la visita a la familia, pasando por salir a espacios públicos e interactuar con otras personas.

Hay personas que parecen ser capaces de controlar los síntomas de sus enfermedades bastante bien, pero que siguen cayendo en la trampa de la evitación. No pasan el tiempo procrastinando en una completa felicidad evasiva, sino que saben que la evitación provoca la ansiedad y la interrupción de sus vidas.

Otra causa detrás de esta evitación constante e incontrolable podría atribuirse a una depresión subyacente. La depresión, tal y como se observa en el espectro del autismo, es algo más que sentimientos de tristeza. Es apatía e inercia (la incapacidad de moverse) y reconocer la depresión como algo distinto a la tristeza sigue siendo difícil de precisar.

Aquí es donde ciertos enfoques psicológicos podrían combinarse con otros métodos de este libro, como la terapia cognitivo-conductual. Su objetivo es cambiar los malos hábitos y comportamientos existentes como una forma de no sólo ayudar a lidiar con cosas como la depresión, sino también la ansiedad y la procrastinación.

El inconveniente de centrarse en las pequeñas tareas diseñadas para que la persona se mueva es que puede parecer inútil para las personas del espectro. Muchas personas del espectro simplemente no pueden soportar la falta de propósito. Las personas del espectro encuentran el significado en su propia curiosidad e intereses y les cuesta encontrar un propósito en cosas que no les interesan. Sin embargo, conseguir que se dediquen a investigar y a seguir una experiencia de aprendizaje sobre sí mismos y sobre cómo encajan en el espectro (así como sobre cómo se desencadena la evitación) podría ayudarles a reducir la duración de la procrastinación.

Si usted está en el espectro, o conoce a alguien que lo está, puede sentirse impotente cuando trata de averiguar por qué usted/ellos están postergando las cosas. Desde la perspectiva de alguien que no está en el espectro, esta evitación puede ser vista como un acto de desafío o agresión. Por ejemplo, puede pedirle a su pareja que saque la basura todos los lunes (el horario nunca varía) y aun así se olvida o parece ignorar la petición. Sé consciente de que no lo hace a propósito (en su mayor parte) y puedes ayudarles a entender que hay una manera de trabajar hacia una solución (Terra, 2013).

Además, en el caso del Asperger (que forma parte de los Trastornos del Espectro Autista), muchos de los que tienen esta neurodivergencia aprenden pronto que es mucho menos estresante evitar el problema en lugar de afrontarlo. Creen que el problema tendrá que ser atendido en algún momento, ya que se pondrá al día, pero por el momento lo importante para ellos es que no será ahora mismo y eso está perfectamente bien. La respuesta típica al sentirse abrumado es cerrarse y retirarse de la tarea (Uche, 2018).

En realidad, es una tontería, porque la evasión no resuelve los problemas (piense en los plazos, esas cosas tienen la desagradable costumbre de arrastrarse, ¿no?).

En cuanto a las personas que padecen el Trastorno por Déficit de Atención e Hiperactividad (TDAH) o el Trastorno por Déficit de Atención (TDA), pueden hacer que empezar, completar o simplemente seguir con las tareas sea un verdadero reto debido a que su condición provoca dificultades para concentrarse o enfocar durante largos períodos de tiempo. Esto es especialmente cierto si la tarea es aburrida.

Tienden a ir de tarea en tarea mientras pierden el interés y nunca parecen ser capaces de completar ninguna de ellas. Estos comportamientos a menudo conducen a la procrastinación, o se consideran síntomas directos del TDA y el TDAH. Las acciones de este tipo de procrastinadores suelen estar más asociadas a la falta de atención y a la inquietud que a la hiperactividad.

Depresión

A veces se trata de un problema comórbido, lo que significa que se combina con otras dificultades mentales como las comentadas anteriormente. La mayoría de las veces, si la depresión está presente, se tratan los sentimientos típicos asociados a ella, en lugar de hacerlo caso por caso, como se requiere en este caso.

La procrastinación debida a la depresión subyacente puede conducir a la fatiga y a la reducción del interés en las actividades que antes se consideraban agradables, y como tal hará que se retraigan. La persona que padece depresión no estará en condiciones de realizar tareas como la limpieza o la colada, y mucho menos de tener la energía mental y física suficiente para trabajar por sus objetivos.

Falta de motivación

Hay un capítulo entero sobre esto (véase el capítulo 3), pero merece la pena mencionarlo rápidamente aquí. En su mayoría, las personas procrastinan porque sienten que no están motivadas para completar la tarea. Suelen decir cosas como "no me apetece" o "no voy a usar esto en el futuro, así que para qué molestarse".

Un estudiante puede aplazar la realización de una tarea que supone el 50% de su nota final simplemente porque no es importante para él hacerlo bien en esa asignatura en concreto, independientemente del riesgo de suspender. Aunque esto no debe confundirse con la falta de control (locus de control y procrastinación), en este caso intervienen factores internos y externos, al igual que en la falta de control.

Cuando una fuerza externa que impulsa la motivación es más fuerte que una interna, la probabilidad de procrastinar es mucho mayor. Así, si tus padres te obligan a alcanzar objetivos más altos, como sacar sobresalientes, estarás más inclinado a procrastinar porque esos no son tus objetivos. Sin embargo, si eres tú quien decide poner el listón tan alto, lo que significa que es un motivador interno para ti, estarás más inclinado a seguir adelante y a no posponer el estudio o la realización de trabajos y tareas importantes.

Otro punto importante que hay que recordar aquí es que también se pone en juego un factor adicional. Si eres una persona con un nivel de superación, estarás más motivado para hacer lo que sea necesario para alcanzar tus objetivos, independientemente de los factores externos. No se puede decir lo mismo de los que tienen niveles más bajos de superación. Si no te importa nada, las posibilidades de procrastinación siguen siendo las mismas, independientemente de las fuerzas externas o internas.

Falta de energía

Después de un largo día de trabajo, es más probable que se pospongan las tareas simplemente porque se carece de la energía física o mental para completar la tarea en ese momento. Tomar un millón de decisiones durante todo el día también agotará la energía, lo que también conduce a una mayor probabilidad de tomar la decisión de evitar una tarea.

Pereza

La pereza es la falta de voluntad para actuar o realizar cualquier tipo de esfuerzo necesario para completar una tarea. La mayoría de las veces, la pereza se considera la razón de la procrastinación. Es cierto que tiene algún efecto y puede ser definitivamente una razón para la procrastinación, pero no es lo único.

Por ejemplo, tienes que lavar la ropa. Lleva bastante tiempo amontonándose y, seamos sinceros, ese olor está empezando a ser un poco fuerte. Pero eliges activamente dejarlo porque simplemente no quieres hacerlo.

Tenga en cuenta que, aunque la pereza y la falta de motivación pueden parecer similares en algunos casos, en realidad son dos cuestiones distintas que deben abordarse y resolverse como tales. El desencadenante en este caso es la falta de voluntad de actuar.

La pereza también puede darse por separado, independientemente de la motivación, el impulso, el estado de ánimo o el perfeccionismo. Una persona puede ser muy ambiciosa y perezosa al mismo tiempo.

Priorizar el estado de ánimo actual

Siempre que se elige si actuar o no y dar pasos hacia tu objetivo, una de las opciones "o" es dar prioridad a tu estado de ánimo actual. Esto significa que, en lugar de apuntar a un objetivo futuro, te centras en cómo te sientes en ese momento y eliges hacer algo que lo mejore inmediatamente.

Esta forma de procrastinación suele ser de naturaleza hedonista y acabará siendo utilizada para crear recompensas inmediatas por sus acciones y evitar las tareas que le alejarían del retorno del placer actual.

Las personas que procrastinan de esta manera buscan actividades que sean placenteras para mejorar su estado de ánimo. Es muy posible que sea algo que todos hagamos, lo llamamos autocuidado, y permitir que se nos vaya de las manos provocará una espiral descendente de búsqueda de la única gratificación inmediata. El objetivo futuro se sacrificará por las recompensas actuales.

Falta de autocontrol

El autocontrol, o la falta de él, y la impulsividad tienen la costumbre de ir de la mano siempre que procrastinamos. No siempre van unidos, pero la mayoría de las veces uno lleva al otro.

Ser capaz de controlar tus impulsos es una señal de que eres capaz de autorregular tu comportamiento. Es más probable que sigas y completes las tareas cuando eres capaz de autorregularte. En caso de carecer de autocontrol, está sujeto a tomar malas decisiones porque prefiere y se nutre de la gratificación inmediata.

Ser capaz de controlar las ganas de comer una tarrina entera de helado es más probable que le permita tener éxito en sus objetivos de salud. Por el contrario, si carece de autocontrol, aunque sepa lo que hay que hacer, elegir comer todo lo que quiera (o a veces más) retrasa la consecución de sus objetivos.

Esto se hace a veces de forma inconsciente. El hábito de ceder está tan extendido que no se piensa dos veces en detenerse cuando se produce una situación como ésta.

También tendemos a repetir "en un minuto" como una especie de mantra o motivador cuando estamos procrastinando. No hay ninguna razón para retrasar el inicio de nuestras tareas y, sin embargo, el "en un minuto" se convierte en horas de hacer cualquier otra cosa porque hay una falta de autocontrol. Un menor autocontrol te moldea de tal manera que tus elecciones futuras se centran en las tareas fáciles y en otras elecciones que requieren muy poco esfuerzo o en las que la recompensa es mayor que el trabajo.

Al mismo tiempo, debido a que el autocontrol puede convertirse en un hábito sin sentido, podríamos terminar pasando horas haciendo algo completamente sin sentido como desplazarse por Instagram, a pesar de que proporciona poco o ningún placer más. Simplemente seguimos haciéndolo porque somos incapaces de autorregular estos malos comportamientos.

Falta de impulso

Tener una fuerza motriz que te guíe hacia tu objetivo es una sensación inmensamente satisfactoria. Ser capaz de perseverar y persistir hacia tu objetivo, a pesar de los obstáculos, es lo que la mayoría de nosotros persigue. Por desgracia, si no hay impulso, habrá pocas posibilidades de que completes la tarea aunque ya la hayas empezado.

Un buen ejemplo es el aprendizaje de una nueva habilidad. Digamos que estás aprendiendo a esculpir con arcilla. Lo estás disfrutando; has alcanzado muchos pequeños hitos y estás progresando bien. Entonces llegas a un punto en el que crees que dominas el nivel en el que te encuentras y, antes de intentar subir la dificultad, te desplomas y lo dejas porque el nivel de dificultad te parece demasiado.

Ya no hay impulso para completar algo porque no hay más recompensas placenteras por hacer lo que estás haciendo, y para ti, estas dos cosas están interrelacionadas.

Impulsividad

La impulsividad es actuar por capricho. Es actuar sin planificar o considerar las consecuencias, las recompensas o cómo afectará a los que te rodean. Actuar impulsivamente de vez en cuando está bien. Actuar por impulso para posponer una tarea es la base de la procrastinación.

El acto de procrastinar es en sí mismo algo impulsivo. Es actuar sin pensar en las consecuencias futuras para hacer algo *ahora*. La impulsividad alimenta la procrastinación en el sentido de que podrías decidir repentinamente asistir a una fiesta en lugar de terminar la tarea que has estado posponiendo.

Distracciones

La distracción es la perdición de la productividad. Nuestras vidas están llenas de cosas que nos distraen y ser fácilmente distraíble hace que concentrarse en una tarea a la vez sea bastante imposible (a veces son síntomas de TDA y TDAH).

Los altos niveles de distracción te hacen más propenso a procrastinar. Instagram, Netflix, Hulu, Facebook, etc. son solo algunas de las cosas que hacen que sea demasiado fácil distraerse.

Sin embargo, tampoco es la única forma de distraerse. Algunos escritores tienen cientos de grandes ideas de historias a lo largo de la semana y abandonan un proyecto en el que están trabajando para centrarse en la nueva idea. Aclarar y repetir.

Se distraen con la emoción de la nueva idea y la nueva historia que podría convertirse en el próximo bestseller, pero oh, espera, *¿qué pasaría si esto sucediera en su lugar y viviéramos en un universo diferente?*

Búsqueda de sensaciones

Buscadores de emociones. Este estilo de procrastinación suele ser un rasgo de la personalidad. Las personas procrastinan esperando hasta el último minuto para hacer algo por la emoción que les produce. Se sienten llenos de energía por la repentina descarga de adrenalina.

Si alguien percibe que una tarea es aburrida y que no vale la pena su tiempo, podría dejarla para el último momento para ver si puede terminar perfectamente la redacción de 3000 palabras sobre los diferentes usos de la madera.

El resultado de este tipo de procrastinación es la motivación. Seguro que el tiempo que tienes para trabajar es muy poco, pero estás más motivado que nunca para ver si *puedes* escribir 3000 palabras en una hora y seguir sacando una buena nota. Sin embargo, en la mayoría de los casos, este tipo de comportamiento conduce a un montón de estrés adicional innecesario.

Rebelión

A veces estamos resentidos con las personas que reparten las tareas. Pueden ser tus padres, tus profesores, tus colegas o tu jefe. Aplazamos lo que nos han encomendado, simplemente porque queremos evitar complacerles de cualquier manera.

A menudo, si las relaciones entre usted y la persona que le asigna la tarea no son sanas, o abiertas, la procrastinación se convierte en una forma de venir con la negatividad (Solving Procrastination, 2019).

Aburrimiento

La procrastinación y el aburrimiento son otras cosas que están estrechamente relacionadas. Algunas tareas simplemente no nos suponen ningún reto, ya sea porque el tema no nos estimula o, en comparación con las cosas que realmente queremos hacer, palidece. Así que, para aliviar el aburrimiento, navegas sin sentido por las páginas de Internet, las redes sociales o recoges las pelusas de tu jersey (o una tarea similar que entorpezca la mente).

La procrastinación puede convertirse en un grave problema. Estar aburrido afecta a la cantidad de esfuerzo que se quiere poner en una tarea. Afecta a la voluntad de empezar y, si no se controla, puede descontrolarse y convertirse en una procrastinación sin sentido y continua.

La solución al aburrimiento es bastante obvia, sin embargo, seguirla es un poco más difícil. La solución es cambiar la situación en la que te encuentras. Sé consciente de cuándo procrastinas y podrás dar pequeños pasos para cambiar tus hábitos.

La naturaleza de este tipo de procrastinación es no tener en cuenta el momento. Mirarás las redes sociales por aburrimiento, pero acabarás perdiendo el tiempo y haciendo scroll durante horas. Para ayudar a salir del ciclo cada vez que se produce el impulso de volver a una configuración predeterminada, como jugar sin sentido a un juego de móvil todo el día, puedes seguir los siguientes pasos:

1. Respira profundamente.

2. Levántate y da un paseo por tu oficina, salón, cocina o, si el espacio es demasiado pequeño, un paseo rápido hasta la puerta de entrada. Sea cual sea tu configuración, da un paseo rápido. Muévete. La idea

es provocar un cambio de energía, cambiar tu enfoque.

3. Respira profundamente un par de veces más mientras caminas o te mueves por tu espacio.

También hay algunas preguntas que te puedes hacer durante este tiempo para ayudarte a fundamentar.

- ¿Cómo puedo alejarme del impulso de procrastinar?

- ¿Cómo puedo dedicarme a la tarea que tengo que completar?

- Puedo tomar las decisiones correctas; ¿me decidiré a hacerlo?

Es importante recordar que no debes ser demasiado duro contigo mismo. Estás intentando cambiar un hábito que probablemente te ha costado años desarrollar y que tardarás en romper. Simplemente te estás ofreciendo la opción de cambiar tu situación actual y puede que tropieces, pero eso también está bien.

Puedes programar un tiempo específico para procrastinar o simplemente para no hacer nada. Algunas personas encuentran energizante cambiar de tareas para darse un pequeño descanso y aliviar el estrés. Dar un paso a la vez es una forma segura de salir del ciclo (Essig, 2019).

Capítulo 3: La motivación y por qué te mientes a ti mismo

Como concepto, la motivación es una mentira y he aquí la razón: la motivación suele llegar después de haber empezado el trabajo, no antes. Parece un poco paradójico, ¿no?

Desgraciadamente, tendemos a esperar a que nos llegue la motivación. Este es probablemente uno de los principales factores que contribuyen a la procrastinación. Como raza humana, hemos caído en la mentira de que necesitamos sentirnos preparados para empezar un proyecto o hacer ese gran cambio que queremos ver en nuestras vidas.

Esperamos el momento adecuado, esperamos el momento en que nos sintamos lo suficientemente valientes, lo suficientemente fuertes, lo suficientemente seguros de nosotros mismos para seguir adelante con nuestros planes. Sin embargo, mientras esperamos, nos sentimos más cómodos con la idea de que no necesitamos actuar porque sabremos cuándo es el momento adecuado.

El potencial humano de grandeza es casi ilimitado. Mira todo lo que, como especie, hemos logrado. Sin embargo, no es con motivación que se hizo. Fue simplemente el deseo de avanzar, de crecer, de construir y de ser mejores.

El potencial puede ser ilimitado, pero tener todo ese potencial es bastante inútil si no se hace nada con él. Sin embargo, el cerebro humano no fue diseñado para hacer cosas difíciles o aterradoras. A medida que el cerebro humano se desarrolló y evolucionó con el tiempo, el núcleo de protección del ser es evitar el peligro. El cerebro está diseñado de tal manera que rehúye las cosas que podrían causarle un daño potencial. Desgraciadamente, para ser mejor persona, o para alcanzar tus objetivos de convertirte en un empresario de éxito, tendrás que empujarte a hacer cosas aterradoras e inciertas.

Por eso, a menudo sólo nos motivamos para hacer las cosas que son fáciles. Sencillamente porque no se necesita realmente motivación. Hacer cosas fáciles requiere poca energía cerebral, poco riesgo y casi ninguna motivación. Comprar una magdalena de chocolate con el café de la mañana de camino al trabajo es fácil. Cortar la leche de tu café matutino es fácil. Es cierto que puede tener un sabor horrible la primera vez que lo pruebas, pero sigue siendo bastante fácil.

Preparar el café en casa y preparar la comida para la jornada laboral es una tarea que no es tan fácil como pasar por tu cafetería favorita de camino al trabajo.

¿Por qué es tan difícil hacer las pequeñas cosas que van a mejorar absolutamente el funcionamiento de tu vida? Porque nos centramos en esperar la motivación. La espera provoca la vacilación, que a su vez provoca la duda. Cuando se nos ocurre actuar sobre nuestros objetivos, existe un pequeño momento de duda justo después de que ese pensamiento inicial haya pasado por tu mente. Todo depende de este momento.

Lo que rara vez notamos es que ese momento de duda desencadena una respuesta primaria en nuestro cerebro. Desencadena una respuesta de estrés. Usted lleva su vida diaria y su trabajo con bastante facilidad. Realizas tareas, contestas al teléfono y conversas en reuniones sin sudar. Entras y sales a diario del despacho de tu jefe para entregarle el papeleo y discutir las tareas del día a día. Tu cerebro se ha adaptado y ha aceptado que esto es normal. Se ha adaptado y, por lo tanto, no hay una respuesta de estrés a las cosas con las que estás familiarizado.

Sin embargo, cuando entras en el despacho de tu jefe para negociar un aumento, dudas en la puerta. Sólo por esta vez, ese pequeño acto de vacilación desencadena una respuesta de miedo. Tu cerebro lo capta y envía señales a todo tu cuerpo de que algo va mal. Cuando vacilas, las banderas rojas se disparan. Así que, con el corazón martilleando en la garganta, tu cerebro empieza a convencerte de que no lo hagas. Aquí es donde la mayoría de la gente comete sus errores: escuchan y se alejan.

Sabes que mereces un aumento. Sea cual sea tu razonamiento, deberías ser capaz de hablar de estas cosas con tu jefe. Sin embargo, como es un acto que no haces todos los días, y porque te imaginas un resultado negativo, dudas y te echas atrás. Vive para luchar otro día, como se suele decir.

No hay forma de avanzar sin tomar las decisiones difíciles. Deja de esperar hasta que estés preparado. La motivación sólo llega cuando ya has empezado, cuando ya has tenido éxito en algo pequeño. Siempre estás a una opción de tener una vida mejor.

Los tres componentes de la procrastinación

Nuestros miedos a menudo son los que toman las decisiones en nuestras vidas, como el ejemplo anterior de la persona que no es capaz de acercarse a su jefe para pedir un aumento de sueldo debido al resultado negativo imaginado. El miedo les frena, por lo que se hacen a un lado y esperan "un poco de motivación, un poco más de valor" antes de volver a intentarlo.

A veces hace falta un pequeño paso para crear el cambio que queremos. A menudo, oímos "enfréntate a tus miedos" pero, en realidad, se acerca más a "enfréntate a tus problemas". El problema al que te enfrentas actualmente no es tener miedo, sino que estás aplazando tus objetivos y sueños *por* culpa del miedo. Cuando tienes miedo, es más fácil señalar con el dedo a otras personas: "Mi jefe no es el más fácil de hablar", o "Le pedí a fulano que me remitiera la solicitud, pero aún no la he recibido".

Estas excusas te hacen sentir mejor. Por desgracia, te estancarás. Estar abrumado por todas las emociones negativas y las dudas sobre ti mismo te hace recurrir a la procrastinación porque, en este punto, la procrastinación es tu manta de seguridad. Todas las pequeñas decisiones que tomas a lo largo del día son actos de procrastinación: pulsar el botón de repetición, cancelar la cita con tus amigos, saltarse el gimnasio (¡sólo por hoy!). Hay una brecha entre saber lo que hay que hacer y hacerlo, pero parece que no puedes cerrar la brecha y hacerlo realmente. Haces todos esos planes (sobre todo la noche anterior, vamos, no mientas, todos hemos pasado por eso) pero nunca llegan a buen puerto.

"Mañana me levantaré más temprano y saldré a correr", o "¡mañana es mi nuevo yo! Seré más valiente y trabajaré más duro". Sí, en el momento en que dices estas cosas estás completamente motivado. Puedes sentirlo dentro de ti como una llama que cobra vida, tanto que *casi* te planteas no irte a la cama y entonces te das cuenta de "pero ya es muy tarde, empezaré mañana". Eres capaz de tanto, pero permites que esa vocecita te diga que "son como las 11:22 de la noche, tío, ¿podemos irnos a la cama y hacer todo esto mañana?".

Esos preciosos segundos en los que dejas que tu cerebro te convenza de tus planes para conseguir una gratificación instantánea significan que cuando llegue el día de mañana volverás a darle al botón de repetición, porque en ese momento "sólo diez minutos más" es la gratificación instantánea que estás deseando. Sin embargo, puedes ser más inteligente que tu propio cerebro y todo se reduce a romper los malos hábitos.

El bucle del hábito existe en cada uno de nuestros cerebros y consta de tres partes principales: una señal, una rutina y una recompensa.

Estas son las bases de la procrastinación. Estas tres, poderosas palabras que se convierten en un obstáculo en tu camino. Al tomar la decisión consciente de levantarse en cuanto suene la alarma, se rompe la rutina y se rompe el patrón de comportamiento (Bilyeu, 2017).

La productividad como factor de Motivación

El mejor consejo para ser lo más productivo posible es hacer la tarea más importante a primera hora de la mañana. No tiene por qué ser la más difícil, pero sí la más importante.

¿Necesitas cobrar un cheque? Hazlo. Levántate temprano y ve al banco. Es tan sencillo y, sin embargo, nadie lo hace.

Pero si haces la tarea más importante al principio de cada día, tendrás una cadena de días increíblemente exitosos simplemente reconociendo el hecho de que todas las tareas importantes se han completado para esa semana.

La productividad no es una cuestión de cantidad, sino de calidad. La productividad consiste en hacer las cosas importantes con regularidad y a tiempo. Así es como funciona la productividad. Si haces la tarea más importante a primera hora de la mañana, conseguirás hacer algo importante cada día.

Notarás que constantemente digo "por la mañana". Esto se debe a que nuestra fuerza de voluntad y nuestro autocontrol son generalmente mayores por la mañana que en cualquier otro momento del día. Aunque hay algunas excepciones, ésta es la regla general.

Aunque usted sea un búho nocturno y tienda a hacer las cosas más rápido y mejor por la noche, esto no significa necesariamente que la tarea que está haciendo por la noche sea la más importante.

No puede respaldar un cheque por la noche. No puede llamar por teléfono a empresas que no funcionan las 24 horas del día. Además, a medida que avanza la jornada, pueden surgir otras tareas que le distraigan.

Por ejemplo, tu jefe te encarga que le lleves una taza de café de camino al trabajo por la mañana, así que lo haces primero y dejas para más adelante el ir al banco. Al llegar a la oficina, tu jefe anuncia una reunión improvisada. Pasa otra hora y ese cheque sigue metido en la cartera. Así, las pequeñas tareas siguen apareciendo como la mala hierba, apartando de tu mente la tarea más importante hasta mañana.

Las tareas inacabadas también tienden a generar mayores niveles de estrés y ansiedad en nosotros, esencialmente culpabilizándonos porque hicimos esos planes y no pudimos cumplirlos. Sí, ese trozo de papel pegado en tu cartera te está juzgando.

La mejor manera es ser constante con tus tareas y así aumentar tu productividad. Consigue un calendario y pégalo en la nevera. Por cada día que completes la tarea más importante, marca el día.

No tiene por qué ser ir al banco. Tu sueño puede ser ser un escritor prolífico. Para alcanzar esa meta, tendrás que practicar cada día. Fija esa tarea como la más importante de cada día. Hazlo primero, hazlo a menudo, y la motivación vendrá después. Fíjate en que no he mencionado nada sobre escribir bien, se trata simplemente de escribir. El objetivo es seguir escribiendo esos días.

Compararse con los demás

Cuando nos comparamos con los demás, nos exponemos al fracaso. Este estilo de pensamiento se está volviendo peligrosamente común: "Si no puedes ser el número uno, entonces es mejor que no participes". Debido a esto, nos desmotivamos para continuar y acabamos tirando la toalla.

En lugar de centrarte en los demás, céntrate en darlo todo. ¿Quieres ser culturista? Pues rómpete el culo, esfuérzate y arriésgate. Hazlo lo mejor que puedas y esfuérzate por superarte sólo a ti mismo.

Aprenderás más haciendo y practicando que estudiando obsesivamente a otras personas. Lograr tus objetivos es simplemente el producto de la voluntad de intentarlo, independientemente de las probabilidades que se presenten en tu contra.

Hazte estas preguntas antes de pensar en cómo te comparas con otras personas:

1. ¿Estás dispuesto a meterte en el gimnasio e intentarlo, aunque vayas a parecer un estúpido?

2. ¿Estás dispuesto a ser vulnerable y montar tu propio negocio?

3. ¿Está dispuesto a mejorar su trabajo creativo?

4. ¿Estás dispuesto a sufrir la mediocridad para alcanzar la grandeza?

Arriésgate y ponte en marcha. Aporta algo a tu vida, siempre y cuando lo hayas completado con tu propio trabajo y no aprovechándote de los logros de otros. El valor de empezar es mucho más valioso que esperar la motivación o planificar la perfección sin dar el paso para alcanzar tu objetivo. Ser perfecto no es un requisito previo para la felicidad o el éxito, sino dar el paso.

Capítulo 4: Punto de acción

Este es el trato: ahora tienes una rápida información sobre la psicología que hay detrás de la procrastinación. Tienes algunas explicaciones científicas sobre por qué procrastinamos y qué significa realmente estar motivado. Durante el transcurso de este libro, se enfrentará constantemente a sí mismo y a su propia mente.

Hay montones de blogs, vídeos, libros y otros sitios web que te dicen la "manera fácil" de superar un ataque de procrastinación. Sin embargo, lo que no siempre te dicen es que tienes que hacerte la pregunta más importante desde el principio: ¿estoy dispuesto a trabajar para cambiar mi comportamiento?

Está muy bien que quieras dejar de procrastinar, pero sin el compromiso, puede que también cojas una tarrina de Ben and Jerry's, te quites los zapatos y hagas del "empezaré mañana" tu nuevo mantra.

Sin duda, son palabras difíciles de escuchar. Más duras aún cuando te das cuenta de que la única persona que se interpone entre tú y tu objetivo eres tú. Piensa en ello como un "amor duro" y sé brutalmente honesto contigo mismo. Créeme, pasar de la procrastinación a la acción puede ser lo más difícil que tengas que hacer. Ese es el Punto de Acción, o POA, ese momento exacto en el que decides actuar. La mayoría de las veces sólo se llega a estos puntos debido al estrés extremo, ya sea por los plazos que se avecinan, por un viaje de culpabilidad autoimpuesto o por el miedo a las miradas de juicio que recibes de tu familia y amigos.

Puede que ahora mismo no tengas ganas de salir a correr. Puede que no te "apetezca" vestirte y conducir hasta el gimnasio, pero el punto de acción es el momento en que decides hacerlo de todos modos. Te vistes, llenas tu botella de agua y vas al gimnasio.

Ahora mismo, puede que estés mirando fijamente esa pequeña línea negra que parpadea en tu pantalla en blanco, luchando por poner palabras en el papel. El punto de acción es aquel en el que decides escribir cualquier cosa durante dos minutos. Puede ser una cadena de palabras o incluso simplemente describir cómo huele tu café mientras se enfría. Puede que tengas un bloqueo creativo, pero lo único que hace falta es hacer *cualquier cosa, independientemente del* nivel de éxito.

El momento en el que finalmente dejas de procrastinar y actúas es lo que te hace salir del bucle de la procrastinación. Saber que tienes que escribir el informe del libro y dejarlo para el último momento (ignorando la molesta vocecita en tu cabeza) traerá consecuencias futuras al aquí y al ahora. Ahora, de repente, las consecuencias del fracaso se ciernen sobre ti como una gran mamá pájaro enfadada. El dolor de procrastinar finalmente llegó a ese punto en el que pasaste de la inacción a la acción (Clear, 2018).

Puedes salir de este ciclo mucho antes de que las consecuencias futuras se conviertan en consecuencias presentes, todo ello gracias a tus propias decisiones.

Nuestras opciones

Podemos crear ese punto de acción en nuestras vidas mucho antes de que el estrés lo desencadene mediante las elecciones que hacemos.

Cada día estamos expuestos a millones de opciones y resultados. A veces, una elección tiene un efecto dominó que no siempre podemos ver, mientras que otras están automatizadas en su mayor parte. Estamos bombardeados de opciones, desde la ropa que elegimos para una reunión hasta lo que comemos, pasando por cómo establecemos los horarios, etc.

Para nosotros, tomar buenas decisiones refleja que estamos viviendo una vida rica y satisfactoria. Por eso nos preocupamos continuamente por algunas elecciones más que por otras, más aún si tenemos en cuenta la procrastinación. Desgraciadamente, tomar una decisión es intrínsecamente difícil, ya que significa que vamos a renunciar a una cosa por otra. Lo que nos asusta a la hora de no actuar es que la cosa a la que estamos renunciando ahora puede no estar disponible para que podamos elegir la próxima vez (Ye, 2019).

Entonces, ¿qué consideramos buenas decisiones? Son las decisiones que tomamos y que nos impulsan en la dirección que necesitamos. Este tipo de elecciones reflejan al mundo que nos rodea que somos capaces, inteligentes y miembros valiosos de la sociedad.

Una mala elección, por tanto, es aquella que niega esta imagen que queremos proyectar. Una mala elección es contraproducente para lo que nos hemos propuesto conseguir. En conjunto, la procrastinación está mal vista por la sociedad. Este conflicto de intereses suele provocar estrés y, en algunos casos, confusión y desesperación.

Elegir algo que nos complace a corto plazo pero que tiene efectos perjudiciales a largo plazo es la raíz de esta ansiedad y estrés que sentimos. Aunque estas elecciones parecen inofensivas al principio, y proporcionan un retorno inmediato de satisfacción, nos alejarán de nuestro objetivo, una cabezada de 10 minutos cada vez.

Las buenas elecciones que debemos hacer en esta situación no son las que queremos hacer ahora mismo. Estas elecciones nos darán beneficios futuros que quizá no veamos de inmediato, pero que reforzarán la imagen que deseamos proyectar.

Lo más importante que tienes que tener en cuenta a la hora de tomar decisiones es cómo afectan a los objetivos importantes que te has marcado. Si tu objetivo es convertirte en culturista y quieres dominar la división a la que aspiras, tomar una decisión que dificulte tu progreso es una mala decisión.

Puede que pienses que comer esa porción de pastel en tu día de trampa no tendrá repercusiones más allá de tener que trabajar un poco más al día siguiente, cuando en realidad, si continuamente tomas la decisión de comer una porción de pastel en tu día de trampa, los efectos se acumularán.

Si uno de tus objetivos entra en conflicto con el otro, tendrás que tomar decisiones. Si tu objetivo es caer bien y ser aceptado por tus compañeros, así como tener una buena posición económica en el futuro, asistir a un evento de lujo con tus compañeros cada fin de semana afectará negativamente a tu objetivo de tener una buena posición económica. Lo más probable es que gastes grandes cantidades de dinero antes y durante el evento (piensa: ropa nueva o el pago de las entradas para asistir a dicho evento). Si rechazas la invitación, puedes afectar negativamente a tus relaciones con esas personas. Aquí es donde tienes que tomar decisiones difíciles. ¿Cuál de estos objetivos es más importante para ti?

Comprender el modo en que las elecciones te afectan tanto positiva como negativamente te permitirá tomar decisiones más informadas. Como en el ejemplo anterior, sabes que alcanzar tu objetivo de convertirte en culturista no va a ser un paseo. La elección de comportamientos que dificulten aún más la consecución de ese objetivo es una elección con la que tendrás que vivir. Sin embargo, cuando seas consciente de qué elecciones afectan a qué objetivos de cualquier manera, estarás mejor preparado para hacer la "buena elección". Cuando procrastinamos, la elección que tenemos es hacer el trabajo o hacer otra tarea más placentera. Cuando sabes cómo afectan estas opciones a tu objetivo, saber cuál elegir es fácil. Actuar sobre esas opciones es lo que se vuelve un poco complicado. Sopese sus opciones con cuidado y sepa cuál elegir. Sabiendo que tu objetivo refleja en quién quieres convertirte, elegir la opción que se alinea con ese ideal te proporcionará una sensación de seguridad y certeza de que estás avanzando en la dirección correcta (Carey, 2015).

Capítulo 5: Lo que quiero hacer

frente a lo que necesito hacer

También conocido como "agrupación de tentaciones", es la parte crucial para asegurarnos de que nos alejamos de la procrastinación. Básicamente, funciona así: tomas lo que realmente quieres hacer (ir a jugar) y lo vinculas, o lo combinas de alguna manera, con lo que tienes que hacer (escribir este libro).

La mayoría de las veces, lo que quieres hacer es más gratificante al instante, como levantarte a hacer café. En realidad es un acto pequeño, pero no deja de ser un acto de procrastinación. Al levantarte, esta acción aparentemente inofensiva retrasará la tarea que tienes entre manos (la que necesitas hacer).

Cuanto más esperes, más tareas encontrarás para evitar lo que tienes que hacer. Una cosa lleva a la otra y luego el tiempo ha pasado y ahora piensas que es mejor no hacerlo porque ya has perdido mucho tiempo. Sin embargo, como ahora sabes que estás procrastinando, estás en condiciones de hacer algo al respecto, y por eso es importante el siguiente ejercicio.

Quiero que hagas una lista, una al lado de la otra, de las cosas que **quieres** hacer y las que **necesitas** hacer. Puedes utilizar dos hojas de papel o simplemente escribirlas en dos columnas en la misma hoja; como quieras. Siempre que puedas ver, en letras grandes, las tareas que son divertidas junto a las que no lo son tanto.

Anota todo lo que creas que es relevante. Diablos, incluso las cosas que no crees que son relevantes, como levantarte a por otra taza de café porque la que preparaste hace una hora se enfrió mientras hacías la "investigación".

Esto se conoce como "agrupación de tentaciones", un concepto que se centra en la investigación conductual que simplemente sugiere que se "agrupa" una tarea que es desagradable con una tarea que realmente se disfruta. La idea es tomar un objetivo a largo plazo, como perder peso, y combinarlo con un objetivo a corto plazo, como ver un nuevo episodio de su programa favorito, para hacer que el objetivo a largo plazo sea más agradable (Clear, 2018).

Para la siguiente parte, quiero que elijas un **deseo** y una **necesidad** y los combines. Supongamos que quieres montar tu propio negocio de venta de artículos artesanales. Hay que hacer muchos estudios de mercado, tener en cuenta los aspectos financieros, elaborar presupuestos y hacer propuestas. Entonces, tu lista de **necesidades** sería algo así:

1. Estudio de mercado

2. Hacer mi producto

3. Contacto con los proveedores

4. Obtener un número de registro de IVA

5. Registrar la empresa

6. Contratar empleados

    a. ¿Cuántos y qué harían?

7. Embalaje

8. Elegir una empresa de mensajería

9. ¿Tendré un edificio físico? ¿Alquilo o compro un inmueble?

    a. Contactar con agentes inmobiliarios

10. Diseñar un sitio web.

    a. ¿Tendrá una función de compra en línea?

Como puede ver, estas tareas no siempre son agradables. No son tan difíciles, pero le llevarán tiempo. Tiempo que podría utilizar para pasar con su familia o amigos, ponerse al día con los programas de televisión o salir a cenar con su pareja. Algunas tareas también se limitan a los días laborables. Si tienes un trabajo fijo de 9 a 5, hacer estas cosas será un reto.

Por otro lado, tu lista de **deseos** será algo así:

1. Ver un programa de televisión

2. Jardín

3. Ir al parque

4. Hornear galletas

5. Pasar el rato en una cafetería con amigos

6. Ir a un pub

7. Cena en familia

8. Asistir a una fiesta

9. Leer esa nueva novela de John Grisham

Así que ha llegado el momento de agrupar estas tareas. Por ejemplo, puedes conseguir el libro de John Grisham en formato de audio y escucharlo mientras decides qué tipo de embalaje utilizar para preparar tus productos para la entrega. Esto hará mucho más llevadera la tediosa tarea de codificar los colores, hacer coincidir los patrones y comprobar si la empresa de mensajería elegida tiene limitaciones, y la tarea pasará volando mucho más rápido.

Como puede ver, algunos de ellos son fáciles de agrupar, y otros no. Ahí es donde se convertirán en "puntos de recompensa". Asistir a una fiesta o ir a un pub no se combinará bien con las cosas que tienes que hacer. En este caso, utilizarás una tarea de mi lista de **deseos**, como ir a una fiesta, como recompensa por completar una tarea de tu lista de necesidades, como terminar la propuesta al banco.

Nuestras acciones tienen consecuencias, buenas o malas. La agrupación de tentaciones va de la mano con la evitación de las consecuencias. El capítulo siguiente lo tratará con más detalle, pero la esencia es utilizar también los **deseos de** estos paquetes como sistema de recompensa para impulsar la productividad y la motivación.

Capítulo 6: Consecuencias de la Procrastinación

Haz que las consecuencias de la procrastinación sean más inmediatas haciendo también más inmediatas las recompensas. Si hay consecuencias inmediatas, serás más consciente del impacto que tiene la procrastinación en tus objetivos. La mayoría de las veces nuestros objetivos son a largo plazo, lo que significa que las consecuencias de la evitación también son a largo plazo. Sin embargo, cuando añadimos pequeñas recompensas por alcanzar hitos más pequeños en el camino hacia nuestros objetivos más grandes, es más probable que sigamos adelante y evitemos la procrastinación.

Saltarse una sesión de gimnasio no tendrá un efecto inmediato en ti personalmente, sin embargo el "compañerismo" te hará responsable y te hará parecer un idiota si te saltas el gimnasio o finges una excusa para no ir. La recompensa más pequeña podría ser permitirse una bola de su helado favorito al final de la semana si sigue yendo al gimnasio.

También tenemos que analizar más detenidamente por qué tendemos a no tomarnos en serio nuestras propias amenazas. Como en el ejemplo anterior, puedes justificar que te comas un helado porque ya te has saltado la gimnasia, también puedes terminar la tarrina y volver a empezar mañana. Si ya estás fallando en hacer la tarea que necesitas, qué te impedirá fallar en castigarte precisamente por eso. Hace falta mucha fuerza de voluntad para seguir adelante, especialmente con las tareas que nos resultan menos placenteras.

Siempre que pospones algo es porque la satisfacción y el disfrute de esa tarea es mucho, mucho menor que cualquier otra cosa que estés haciendo en ese momento. Por ejemplo, tener que cargar el lavavajillas tiene poco beneficio para ti en este momento, también es desagradable porque ha interrumpido tu tiempo de relajación después de un largo día de trabajo, por lo tanto lo dejarás para el fin de semana porque estás cansado y necesitas relajarte.

Cuando decimos consecuencias, inmediatamente acudimos al castigo. Es el resultado negativo de una acción, la mayoría de las veces como consecuencia de no hacer algo o de infringir las normas sociales. La consecuencia de posponer la tarea es que los platos estén sucios por toda la cocina, que salgan olores extraños del fregadero y, muy posiblemente, que haya una plaga de cucarachas. La recompensa inmediata es más tiempo de televisión. La consecuencia a largo plazo es pasar el sábado limpiando, desinfectando y colocando trampas para cucarachas. Tiempo que podrías haber dedicado a hacer cosas más divertidas.

La procrastinación es una especie de mecanismo de evasión en determinadas situaciones para hacer frente al estrés. Estás posponiendo esa hoja de cálculo que tu jefe te pidió para el lunes, porque el estrés de no completar esa hoja de cálculo según las especificaciones de tu jefe te está empujando a evitar la tarea por completo. O puede ser que dejes el gimnasio para "mañana" porque en este momento te estás imaginando cómo sería hacerlo de verdad: requiere esfuerzo, necesitas concentrarte y, seamos sinceros, ver la nueva temporada de Stranger Things es mucho más atractivo que levantarse y salir a correr.

El efecto de la procrastinación continua es que seguirás aplazándola en un ciclo interminable. Las consecuencias son que la tarea se precipita y tu jefe se disgusta por tu rendimiento o que tu próximo examen médico es más grave porque tu salud se ha deteriorado.

Las consecuencias forman parte de las decisiones que tomamos. Pueden ser buenas o malas. En lugar de pensar en las consecuencias negativas de aplazar tareas importantes, dale la vuelta al guión y establece algunas recompensas en su lugar.

Si te saltas un entrenamiento, retrasarás tu objetivo de pérdida de peso, y si te saltas un entrenamiento en el que defraudas a tu "amigo", estás defraudando a tu amigo. Estos son dos puntos de vista negativos. Piensa, en cambio, que ir al gimnasio es responsabilizar a tu amigo de sus propios objetivos, en el sentido de que estás ahí para apoyarle, y al no acudir le defraudas.

Aunque ambas consecuencias tienen el mismo peso, la que se haya cambiado para ser vista de forma más positiva obtendrá los mejores resultados. De este modo, te centrarás más en los resultados positivos de la realización de las tareas y no en los negativos. Los tipos de pensamientos que tengas darán forma a tu realidad (Díaz, s.f.).

Cree un sistema de recompensas, combinándolo con la agrupación de tentaciones. Reconoces que no completar la tarea tendrá consecuencias, y un sistema de recompensas es que detengas preventivamente la consecuencia negativa y la sustituyas por algo bueno. Al hacer que los beneficios de tus objetivos a largo plazo parezcan más inmediatos, te resulta más fácil seguir adelante y evitar posponer las tareas importantes.

Hay otras formas de permitir que las consecuencias de la procrastinación tengan un efecto inmediato: puedes utilizar servicios como *stickK,* una empresa que te permite comprometerte económicamente a alcanzar tus objetivos (una de las opciones que ofrecen cuando firmas tu contrato de compromiso personal), con la advertencia de que si no lo cumples, el dinero se pierde.

Los escritores que tienen dificultades para cumplir con su recuento diario de palabras pueden utilizar una aplicación como *Writometer*. La aplicación no se cerrará a menos que se cumpla el recuento diario. También es una buena forma de frenar el desplazamiento por las redes sociales. Si estás interesado, busca en Google Play y descarga la aplicación.

Qué hacer

Si todavía te cuesta aceptar el uso de "trucos mentales" para lograr tus objetivos porque, honestamente, los teléfonos inteligentes son capaces de ejecutar múltiples aplicaciones a la vez y puedes minimizar *Writometer* en segundo plano y saltar a Instagram de todos modos. En su lugar, puedes centrarte en utilizar un dispositivo de compromiso para ponerte en marcha.

Tómate dos minutos

Sea cual sea tu objetivo, sea cual sea la tarea que tengas que hacer, **tómate dos minutos** para hacerla. Todos sabemos que si nuestro objetivo final es perder peso o prepararnos para una competición de culturismo, tendrás que dedicar más que dos minutos al día al gimnasio, pero la idea aquí es simplemente empezar.

Aunque no te apetezca estudiar, ir al gimnasio o leer ese grueso libro que te recomendó tu jefe para ayudarte a conseguir ese ascenso, con sólo dedicarle dos minutos estás, de hecho, trabajando para conseguir tu objetivo. Ineficientemente, pero ya llegaremos a eso.

Haz que el inicio sea lo suficientemente significativo como para marcar una diferencia real. Al mismo tiempo, tiene que ser lo suficientemente sencillo como para completarlo dentro del plazo establecido.

Puede que tengas el objetivo de escribir un libro, pensando en marcarte una meta de 10 páginas al día. Aunque al principio parece factible, lo cierto es que no es sostenible a menos que ya hayas creado el hábito para ello. Tienes que elegir una tarea que sea fácil y sostenible, pero que también tenga efectos a largo plazo.

Investigar ideas, tramas, estilos de escritura y la construcción adecuada de los personajes es una buena tarea que hay que hacer cada día, pero la investigación nunca terminará el libro por ti. Tendrás que escribir de verdad. Así pues, proponte algo pequeño, como 500 palabras al día. Aunque no encaje en la historia, o haya cosas que no tengan sentido, escribe. La limpieza se hace más tarde (véase el capítulo 8 para los comienzos imperfectos).

Lo mismo ocurre con la forma física. Leer sobre buenas posturas o investigar sobre rutinas de ejercicios es una tarea sencilla, pero tiene menos sentido que hacer realmente 30 sentadillas cada día, aunque sea el único ejercicio que se haga en toda la jornada.

Verás que casi cualquier tarea puede encajar en el dispositivo de compromiso de **dos minutos**. La tarea tiene que ser lo más fácil posible para empezar. Cualquiera puede ir por la calle y volver, leer una página de un libro nuevo o escribir un párrafo de su nueva novela.

Entonces, ¿cuál es la trampa?

Sólo tienes dos minutos. Salga a correr, pero sólo durante dos minutos, y luego deténgase. *Debes parar* después de dos minutos. Ve al gimnasio, pero sólo hazlo durante dos minutos, y luego vete. Se siente un poco como una trampa, pero funciona exactamente por esa razón (y si lo piensas, saltarse esos míseros dos minutos es un poco redundante).

En la mayoría de los casos te parecerá una tontería, un esfuerzo y una pérdida de tiempo, pero de eso se trata. Si vas al gimnasio dos minutos cada día durante dos meses, un día decidirás quedarte un poco más tarde. Decidirás que, ya que tienes que conducir o desplazarte al gimnasio cada día, por qué no hacer que valga la pena quedándote 15 minutos o 30 minutos, o incluso una hora.

En esencia, estás construyendo una nueva identidad como alguien que nunca se pierde un entrenamiento. Sólo haces ejercicio durante dos minutos, por lo que tu objetivo no es ponerte en forma. Es decir, probablemente podrías hacer dos series en ese tiempo, pero es bastante ineficiente y puede ser frustrante. Este tipo de estrategia funciona porque estás sentando las bases para la consistencia. Estás sentando las bases para desarrollar un nuevo hábito. La duración no es lo importante aquí, sino presentarse y comprometerse.

Estás dando pequeños pasos en la dirección de tu objetivo al cimentar el tipo de persona que quieres ser. ¿Cómo puedes ser un culturista si no eres constante con tus entrenamientos? Es mejor hacer pequeñas cosas que no hacer nada.

Capítulo 7: Planificación y

Preparación

Otro dispositivo de compromiso que a menudo pasamos por alto es la planificación previa. Al reducir el esfuerzo que supone tener que idear una cena saludable sobre la marcha, si la tienes planificada de antemano, lo único que tienes que hacer es decidir si quieres comer en la mesa o ponerte al día con un episodio de *Jeopardy!*

Planifica tus acciones futuras, sin importar el objetivo final. De nuevo, si queremos convertirnos en culturistas, hay mucho que planificar. Desde los horarios del gimnasio, hasta los planes de comidas, pasando por la elección de los tentempiés permitidos. Empieza por escribir una lista de la compra y compra solo lo que está en ella (Clear, 2018).

Tomar decisiones requiere energía, y tomar decisiones constantemente agota la fuerza de voluntad como nadie. Imagínate que abres el grifo de una bañera; al principio se vacía lentamente, pero cuanto más tiempo pasa, más rápido se vacía. Tener que elegir constantemente la más saludable de las dos opciones, como hacer un esfuerzo consciente por evitar las redes sociales para terminar el trabajo, son decisiones que agotan tu energía y tu fuerza de voluntad.

Puede que seas capaz de resistirte a entrar en el McDonald's de camino a casa durante unos días, quizá una semana, pero al final tu fuerza de voluntad será nula y cambiarás al piloto automático. Este fenómeno se conoce como fatiga por decisión y es algo muy real, por lo que planificar con antelación le permitirá tener más éxito a la hora de alcanzar sus objetivos y por lo que limitar sus opciones resultará mejor a largo plazo.

A menudo nos sentimos abrumados por las opciones. Entre en cualquier supermercado, pasee por el pasillo de los cereales para el desayuno y eche un vistazo. La gran cantidad de opciones es suficiente para volver a la gente loca. Más aún si ahora tienes que leer la etiqueta de los alimentos debido a tu nueva dieta. Sin embargo, cuando se trata de tener que hacer cosas (especialmente en una fecha límite), tener demasiadas opciones disponibles no siempre es algo bueno. Tener demasiadas opciones hace que sea más difícil elegir.

Si tienes que elegir entre un coche rojo y otro azul de la misma marca y modelo, la elección será bastante sencilla, y quizá te lleve unos cinco minutos. Si añades más colores, se complica un poco más, pero sigue siendo posible hacerlo en poco tiempo. Ahora, añada un par de modelos diferentes de la misma marca. Añade diferentes extras, como un brillo metálico, aire acondicionado o un GPS incorporado. ¿Ves a dónde quiero llegar?

Restringir las opciones facilita las cosas. En el capítulo 6 cubrimos uno de estos métodos (toma dos minutos), sin embargo, puede ser adaptado y aplicado a casi cualquier cosa.

Es más fácil escribir 100 palabras que 10.000. Empezar por algo pequeño limita tu capacidad de elección, pero te hará más receptivo al cambio permanente. En lugar de centrarte en querer terminar ese libro que llevas queriendo escribir desde que eras un niño, céntrate en terminar el trasfondo de un personaje. Escribe utilizando sólo diálogos para describir una situación o limítate a utilizar sólo 100 palabras para escribir una historia completa.

Si quieres empezar una nueva dieta, empieza por eliminar la opción de la comida para llevar. Con el tiempo, habrás eliminado toda la comida para llevar y sólo cocinarás en casa. ¿Quieres comer más sano? Añade sólo un tipo o color de verdura más.

A menudo creemos que poder elegir lo que queramos y cuando queramos es lo que necesitamos, pero a veces lo que realmente se necesita es una visión de túnel y la menor cantidad de opciones posibles.

Gestión del tiempo

La gestión del tiempo es una parte difícil, pero a menudo necesaria, de la vida. Tendrá que diferenciar entre lo que es urgente y lo que es importante para poder priorizar. Esto es especialmente cierto cuando se trata de su salud. A menudo dejamos de lado tareas importantes, como ir al gimnasio, por considerarlas no urgentes, cuando en realidad deberían considerarse una de nuestras mayores prioridades.

Ir al gimnasio hoy no es urgente, pero para tu salud futura es importante. Lo mismo ocurre con la alimentación. Comer una hamburguesa y unas patatas fritas no te hará daño ahora, pero más adelante puedes tener otros problemas de salud por culpa de los excesos.

Entonces, ¿cómo podemos utilizar nuestro tiempo de forma eficaz?

1. **Comprometerse.** Quiero que elimine la ocurrencia de hacer algo "a medias". Esto significa que hay que evitar las distracciones. Es increíblemente fácil que tu atención se desvíe de la tarea que tienes entre manos hacia cualquier otra cosa. Eso incluye que las tareas de trabajo interrumpan otras tareas de trabajo.

No revises tus correos electrónicos si estás ocupado escribiendo un informe. Si estás en una llamada importante, no hagas nada más. Esté plenamente presente. Concéntrese en la tarea que está realizando en ese momento. Independientemente de cómo te distraigas o por qué, tardarás el doble de tiempo en completar una tarea debido a la aparición de distracciones. Esta es también la razón por la que cuando tenemos una fecha límite, somos más productivos en el último minuto porque nos concentramos mucho en completar la tarea.

Piensa en cuántas tareas más puedes realizar si eliminas la cantidad de distracciones a las que te sometes. Puedes hacerlo de la siguiente manera:

a. Reservar tiempo para cada tarea.

b. No a la multitarea.

    c. Llevarse el teléfono y otros objetos tecnológicos no esenciales a otra habitación.

    d. Cambiar de lugar, por ejemplo, ir a una cafetería si estás acostumbrado a trabajar desde casa pero sigues distrayéndote con facilidad.

    e. Hacer primero lo más importante.

2. **Cumpla con el horario.** Si esto significa que tienes que reducir la cantidad de trabajo que haces, que así sea. Dividir las tareas en trozos más pequeños y manejables te ayudará a cumplir el horario y a hacer las cosas.

En lugar de dejar que el tiempo y las tareas imprevistas se interpongan en tu camino, utiliza lo que te queda de tiempo para cumplir con tu horario. Si te has propuesto salir a correr durante una hora, pero debido a circunstancias imprevistas ese tiempo se ha reducido a 15 minutos, cúmplelo de todos modos. En lugar de saltarse el entrenamiento, haga lo que pueda con el tiempo que le queda. Haz algo hoy, aunque no sea tanto como habías planeado.

Capítulo 8: Cambiar el enfoque

Divide tus tareas en partes más pequeñas. Si te centras demasiado en el panorama general, perderás la concentración y volverás a posponer las cosas porque la perspectiva parece demasiado desalentadora.

Como se mencionó brevemente en el capítulo 7, el simple hecho de empezar le ayudará a poner en marcha la pelota. Quieres hacer gimnasia pero te falta motivación. Así que empieza con algo pequeño. Ponte las zapatillas de correr. Y luego sal a la calle. No hace falta que conduzcas hasta el gimnasio, puedes simplemente ir a dar un paseo por la calle. Hay algo en nuestro cerebro que se enciende cuando sentimos que estamos engañando a los puntos de acción. Pensamos: "¿Me he vestido, he comido sano y sólo he dado una vuelta a la manzana? Déjame dar una o dos vueltas más para que todo el asunto parezca valer más la pena".

Es la incertidumbre relacionada con soñar a lo grande lo que nos tiene atrapados en un bucle de ansiedad/procrastinación/recaída. Como vivimos en un entorno de retorno retardado (véase el capítulo 1), vivimos en un estado de incertidumbre porque planificamos y pensamos en el futuro.

Entonces, ¿cómo podemos vencer al sistema? ¿Cómo podemos vencer a nuestros cerebros, conectados por el estrés? La respuesta es sencilla: midiendo.

Mide algo. Dado que el futuro es indeterminado, puedes gestionar tu respuesta al estrés midiendo algo hoy. Por ejemplo, puede que no sepas exactamente cuánto dinero habrás reservado para el día de tu jubilación (impuestos, recesión, subida del coste de la vida, etc.), pero lo que sí puedes saber es cuánto estás reservando ahora mismo. Puedes depositar una pequeña cantidad de dinero en una cuenta separada destinada específicamente a la jubilación. Así sabrás que al menos estás haciendo *algo para* prepararte para el futuro.

Lo mismo ocurre con casi todo en la vida. No puedes estar seguro de que vas a sacar las mejores notas en el examen, pero puedes estudiar al máximo y hacerlo lo mejor posible. No puedes saber que te casarás un día, pero puedes tener una cita y ver cómo van las cosas.

Para ser justos, medir tus pequeños éxitos no es una pócima mágica que lo arreglará todo, pero es una forma de recuperar el control sobre tu miedo y ansiedad. El malestar que sentimos y que provoca la procrastinación se centra en la incertidumbre. La mayor barrera a la que nos enfrentamos y que dispara el desencadenante de la ansiedad-procrastinación es simplemente empezar una tarea. Querer perder peso es un buen objetivo. Sin embargo, la necesidad de empezar, por muy decididos que estemos, nos parecerá una montaña que se avecina.

Imagina que estás en la base de una montaña gigantesca, con una pared de roca hasta donde puedes ver. No hay forma de rodearla ni de superarla. ¿Cómo se mueve una montaña? De guijarro en guijarro.

Reduzca las tareas que tiene que hacer a tareas más pequeñas y manejables. Es más fácil escribir una lista de la compra que planificar, cocinar, congelar y comprar una suscripción al gimnasio en un solo día.

A menudo, podemos eliminar la ansiedad relacionada con los comienzos condicionándonos a acostumbrarnos a las tareas. Los hábitos requieren menos energía cerebral y causan menos fricción en nuestras vidas. Repetir el comportamiento deseable hasta el punto de que se convierta en un hábito es la clave para vencer la procrastinación (véanse los capítulos 6 y 7 sobre la formación de hábitos).

Hacer que tus tareas sean más alcanzables es importante porque las pequeñas medidas de progreso aumentan tu confianza a medida que las alcanzas, y completar estas tareas más pequeñas te permite sentirte más productivo y pasarás por tu lista de tareas a un ritmo mucho más rápido (Clear, 2018).

Otra forma de cambiar el enfoque es apartar la mente de lo que te preocupa para pensar en cómo puedes prevenir ese futuro que temes. En lugar de preocuparte por enfermar o tener problemas de peso más adelante, sal a pasear. Disfruta del paisaje. No te obsesiones con la parte de "ponerte en forma", sino que concéntrate en evitar que vuelvan las preocupaciones.

Haz que sea una pequeña cosa diaria en lugar de esta perspectiva futura tan grande (y quizá un poco aterradora). La clave para que esta estrategia funcione es asegurarse de que tu rutina diaria no solo te recompensa de forma inmediata (entorno de retorno inmediato), sino que también sirve para alcanzar tus objetivos futuros o resolver tus problemas futuros (entorno de retorno retardado).

Un comienzo imperfecto

Con el fácil acceso a las redes sociales, y por tanto la exposición a otras personas, es fácil inspirarse en los demás. Vemos a todas esas personas de éxito y tratamos de seguir sus consejos para llegar a tener tanto o más éxito. Intentamos hacer ingeniería inversa y aplicar sus herramientas a nuestras vidas con la esperanza de llegar tan lejos como ellos.

A veces funciona, otras veces es perjudicial para tu propio crecimiento. Está perfectamente bien aprender de los demás y estar expuestos a las experiencias de otros mejora nuestras curvas de aprendizaje. Pero otra cosa muy distinta es copiar de alguien que ha tenido años para perfeccionar sus propios métodos. También se corre el riesgo de compararse continuamente con los demás. Medirás tu propio éxito en función de los demás y te sentirás incapaz o incompetente, porque si no puedes hacer lo que ellos hacen (y lo hacen parecer tan fácil), ¿de qué sirve?

Esto le hace creer que necesita tener todas estas cosas adicionales antes de poder actuar. Un sueño común para muchos adultos jóvenes es viajar por el mundo, pero la mayoría de las veces se ven frenados por sentirse mal preparados o por compararse con las historias y fotos de los viajes de otros.

No necesitas el mejor equipo. Sólo necesitas empezar. Es cierto que el mejor equipo puede facilitar tus viajes, pero no es imprescindible. Está bien tener un equipo nuevo para el gimnasio, pero unos simples pantalones cortos y una camiseta son suficientes.

Lo mismo ocurre con todo lo que te propongas. Iniciar un negocio, perder peso, aprender un nuevo idioma, etc. No necesita un logotipo elegante para tener éxito. No es necesario tener un sitio web perfecto para empezar. No necesitas nuevos utensilios de cocina para comer más sano. No necesitas comida orgánica para comer más sano. Sí, sería ideal, algún día, alcanzar ese nivel de optimización. Pero para empezar, confórmate con eliminar la comida basura y añadir verduras a las comidas.

No te atasques centrándote en los pequeños detalles. Estamos tan tentados de investigar sobre un tema que nos atascamos en los detalles más pequeños y nos obsesionamos tanto con la necesidad de empezar perfectamente que posponemos el comienzo porque sentimos que aún no estamos preparados.

Cuando hayas decidido que quieres cambiar, es cuando estás preparado. No existe el comienzo perfecto, así que no te dejes engañar por la perfección cultivada que ves en los medios de comunicación. Los comienzos imperfectos pueden actualizarse, cambiarse y adaptarse a medida que sale a la luz nueva información, siempre que haya algo que añadir o cambiar.

Capítulo 9: Rutinas

Las rutinas reducen la cantidad de energía cerebral necesaria para mantener el rumbo. Una de las principales razones para volver a los viejos hábitos es la falta de un sistema claramente definido.

Una de las mejores formas de mantener la constancia y el rumbo es seguir estos pocos pasos. No solo te proporciona una rutina fija que puedes seguir en un día de trabajo, sino que también te ayuda a seguir siendo productivo en el trabajo y reduce las posibilidades de procrastinar activamente.

1. Al final de cada día, anota pequeñas tareas. Estas tareas son las seis más importantes que hay que realizar mañana. De nuevo, se trata del nivel de importancia, no de la dificultad. Anote *sólo* seis tareas.

2. Ahora priorice esas tareas según su nivel de importancia. Sé sincero.

3. Cuando llegues al trabajo al día siguiente, empieza por la primera tarea de la lista. Concéntrese sólo en esa tarea. Completa una antes de pasar a otra.

4. A continuación, puedes seguir trabajando en la lista de forma similar, dedicando el tiempo suficiente a las tareas que tienes entre manos para completarlas por completo. No dividas tu atención con la multitarea.

Si surge una segunda tarea menos importante, completa primero la importante antes de hacer cualquier otra cosa. Cuando hayas terminado con las tareas improvisadas, continúa con tu lista.

5. Al final de cada día, pasa las tareas incompletas de tu lista a una nueva lista para mañana.

6. Repite.

El hecho de que sea tan simple es la razón por la que funciona tan bien. A menudo intentamos complicar demasiado las cosas con campanas y silbatos y olvidamos que la idea detrás de esto es mantenerse lo más organizado posible, de la manera más simple y eficiente posible.

Seguro que hay otros métodos que puedes utilizar, pero en su mayor parte, esta lista se puede adaptar a casi cualquier cosa que haya que hacer, ya sea en casa o en el trabajo.

También puedes utilizar esta lista para ayudarte a alcanzar tus objetivos. Si añades a la lista las tareas más pequeñas que tienes que hacer como parte de las "cosas importantes", podrás ir avanzando en las tareas establecidas a un ritmo cómodo, con un recordatorio ya en marcha.

Hay críticos que afirman que este método no tiene en cuenta por completo la aparición de tareas de emergencia que podrían surgir, así como otros factores que podrían suceder y descarrilar nuestro progreso, pero cuanto más sencillo sea, mejor.

No sólo te obliga a tomar decisiones difíciles, sino también a priorizarlas. Tener demasiadas opciones y demasiadas cosas que hacer puede hacer que te sientas abrumado. Por eso, el uso de esta lista le ayuda a centrarse en las cosas importantes de su vida. A medida que se adquieren nuevos conocimientos, la lista puede adaptarse.

Tampoco hay fricciones para empezar. La lista ya lo ha hecho por ti. Sabes lo que hay que hacer y se ha establecido en unos sencillos pasos la noche anterior, lo que te permite ponerte manos a la obra en cuanto te levantes y estés preparado. Empezar se considera a menudo la parte más difícil de hacer las cosas, y hay mucho de cierto en ello, por lo que si te das un punto de partida, el comienzo será mucho más sencillo. Al principio, empezar es mejor que tener éxito.

Tampoco es necesario hacer varias cosas a la vez. Te centras en una tarea y sólo en una tarea. Al priorizar y hacer una sola tarea a la vez, toda tu atención se centra en esa única tarea, lo que permite un trabajo mejor y más consistente.

Independientemente del método que utilices, si usas un papel o algún tipo de tecnología, lo importante es establecer una rutina haciendo siempre las tareas más importantes primero (Clear, 2018).

Cómo sacar el máximo partido a sus rutinas

1. **Gestiona mejor tu energía.** El tiempo es relevante, pero si gastas demasiada energía en una tarea que requiere cero tiempo para completarse,

estás perdiendo tanto tiempo como energía en una tarea que podría haberse dejado o descartado. Por otra parte, es posible que descubras que eres más apto para escribir por la noche, así que establece tu horario para reflejar eso en lugar de obligarte a escribir por la mañana nada más despertarte.

2. **Prepárate la noche anterior.** ¿Recuerdas a tu madre diciéndote que prepararas las cosas del colegio la noche anterior? Eso era para reducir el tiempo que pasabas apurando para juntar las cosas justo antes de tener que salir para la escuela. Si dedicas un rato por la noche a planificar tu día, tendrás un comienzo más suave y te sentirás más relajado al entrar en él.

3. **No abra su correo electrónico antes del mediodía.** Sin duda habrás oído a alguien decir algo parecido a lo largo de tu vida, pero tienen razón. Si hay una emergencia real, alguien llamará. Así que deja el correo electrónico cerrado. También te permitirá evitar distraerte desplazándote sin sentido por los correos electrónicos o pulsando el botón de actualizar un millón de veces cada diez minutos sólo para tener algo que hacer. Para evitar la procrastinación, mantén esa ventana cerrada.

4. **Apaga tu teléfono.** A menos que lo estés usando para hacer un trabajo real en este momento, guarda esa cosa. Colócalo en un cajón o en otra habitación de tu casa. Elimina de tu entorno inmediato la tentación de entrar en las redes sociales.

5. **La temperatura cuenta.** Trabajar en una habitación muy calurosa te vuelve lento e irritable. A la inversa, trabajar en una habitación demasiado fría también te hará estar irritable. Tendrás los dedos agarrotados, te dolerá el cuerpo por el exceso de frío y tu cerebro llamará constantemente la atención sobre tu malestar.

6. **Muévete.** Tu cerebro necesita oxígeno para funcionar de forma óptima, así que levántate y estírate. Camina alrededor de tu escritorio o salta en tu lugar. Haz que la sangre y el oxígeno fluyan hacia tu cerebro.

7. **Evite picar sin sentido.** Establézcalos como recompensas por las tareas completadas. No sólo te sentirás más satisfecho al completar las tareas que vienen con una recompensa agradable y deliciosa, si eliges una opción más saludable como el yogur en lugar del chocolate, empezarás a sentirte mucho mejor físicamente también.

8. **Crea un punto de partida permanente para tu día**. Algunas personas toman una taza de café, otras meditan, mientras que otras leen el periódico. Puedes utilizarlo para reservar un tiempo para ti. Puedes hacerlo tan largo como necesites. Este pequeño paso desencadena algo en tu cerebro que dice: "Eh, es hora de ponerse a trabajar".

Capítulo 10: Cómo recordarse a sí mismo sin sentirse atacado

Hay una línea delicada por la que caminamos cada vez que necesitamos recordarnos a nosotros mismos que debemos actuar. Hay momentos en los que sabemos lo que tenemos que hacer y conocemos las consecuencias, pero aún así nos cuesta ponernos en marcha.

La mayoría de las veces hay una pequeña sensación en la nuca, una vocecita que nos insiste en que nos pongamos manos a la obra. Todos conocemos esa voz. Sin embargo, a menudo decidimos ignorarla.

El acto de ignorar esa voz tiene el mismo efecto que pulsar el botón de repetición de la alarma. Diez minutos, pero finalmente la alarma volverá a sonar. Sólo que esta vez será más fuerte. Si sigues pulsando el botón de repetición, saldrás de la cama tarde, irritado y con un comienzo de día horrible.

Por ello, los recordatorios deben ser lo más eficaces posible y llevar el menor tiempo posible. Estos recordatorios que te propones deben ir definitivamente acompañados de las consecuencias que te has impuesto.

Las señales visuales, como las notas adhesivas en su espacio de trabajo, son una forma de asegurar que se desencadena el hábito de trabajar, así como una forma de medir su progreso. Este tipo de señales visuales son recordatorios que mirará con frecuencia, así que colóquelas a la altura de los ojos. Pégalas en la nevera, en medio de la pantalla de la televisión, en el espejo del baño o en cualquier lugar por el que pases o mires en el transcurso del día.

Si no te distraes fácilmente con la tecnología, hay aplicaciones disponibles que te ayudarán, ya que puedes establecer alarmas e hitos para que no puedas simplemente ignorarlos. Fácil, ¿verdad?

Por desgracia, si fuera tan sencillo, no habría necesidad de estrategias para combatir la procrastinación. El mayor punto de inflexión que debe producirse en tu interior para que tu enfoque sea eficaz es conquistar tus sentimientos. Nuestros cerebros están conectados de tal manera que si no tienes ganas de hacer algo, lo más probable es que no lo hagas.

Por ejemplo, sabes que tienes que ir al gimnasio. Es uno de tus objetivos y estás decidido. Sin embargo, ahora mismo, no te apetece mucho...

Eso significa que, nueve de cada diez veces, tus sentimientos ganarán a lo que sabes que tienes que hacer. Piensas que si no te apetece, no vas a darlo todo de todos modos, así que ¿para qué molestarte?

Un buen punto de partida es la pista visual o el recordatorio físico. Las señales visuales (independientemente del formato que elijas) son importantes por las siguientes razones:

- Las señales visuales actúan como recordatorio. A menudo nos fijamos objetivos que aún no forman parte permanente de nuestro comportamiento o rutina, por lo que, sin un recordatorio, nos olvidaremos. Podemos ser tan inflexibles como queramos, pero una vez que la vida nos lanza una bola curva y se pone súper ocupada, ninguna cantidad de fuerza de voluntad le permitirá pasar por el lugar de comida rápida porque simplemente no tiene energía para cocinar, y mucho menos cocinar comidas saludables para ayudar a su objetivo de pérdida de peso. Es mucho más fácil mantener tus objetivos si tu entorno te empuja en la dirección correcta.

- Una señal visual, como un calendario, le proporcionará una herramienta para medir su progreso. Es satisfactorio ver cómo se va marcando cada día a medida que se avanza.

- Tener una señal visual aumentará tu determinación y te animará. Cuanto más avances veas, mejor te sentirás y mayor será tu motivación para continuar (Clear, 2018).

No importa lo bien que configures tus recordatorios y calendarios, si no tienes un método eficiente y eficaz para el seguimiento, no conseguirás hacer las cosas. Está muy bien escribir una extensa lista de la compra para tu nueva dieta, pero no sirve de nada si la olvidas en casa. Por suerte para nosotros, hay formas de asegurarnos de recordar las cosas importantes, como llevar esa lista al supermercado (Robbins, 2018).

Al principio tendremos que esforzarnos por recordarnos constantemente que debemos seguir adelante hasta que hayamos llegado al punto en que esta nueva idea se haya integrado en nuestra vida y se haya convertido en un hábito.

De recordatorio a hábito

Un hábito es una acción automática que realizamos sin pensar conscientemente, como preparar la taza de café de la mañana o lavarse los dientes. El acto requiere poco o ningún pensamiento consciente. Lo más probable es que todo, desde levantarse de la cama hasta remover el azúcar, no haya supuesto ningún esfuerzo. Es una acción que realizas porque es un hábito. Lo más probable es que haya tenido la misma rutina matutina durante los últimos 10-20 años. El punto aquí es que durante el curso de su vida diaria hay otras acciones que son actos igualmente inconscientes debido a la repetición.

Sin embargo, hay hábitos que también son malos. Navegar por tu página de Facebook antes de meterte en la ducha puede llevarte dos horas en lugar de un rápido chequeo como se supone que debe ser. Aunque crear hábitos es difícil, romperlos es aún más difícil.

La buena noticia es que una vez que haya sustituido la pérdida de tiempo matutina por un comportamiento más productivo, como preparar un almuerzo saludable para el trabajo y no comprar una hamburguesa grasienta en su lugar porque no había tiempo suficiente. Este nuevo hábito más saludable pronto será tan difícil de romper como el anterior. Si haces las cosas el tiempo suficiente, tienden a pegarse, y finalmente los comportamientos se vuelven automáticos.

El truco es el siguiente: tendrá que recordárselo a sí mismo con la suficiente frecuencia para que se convierta en un hábito. Tienes que encontrar una forma de interrumpir tu acción actual para desencadenar el nuevo comportamiento deseado.

Disparadores

Cualquier cosa que llame tu atención para recordarte que tienes que hacer una determinada tarea, como hacer la colada o planificar tu horario de gimnasio de la próxima semana, se considera un activador. Puedes ordenar la ropa y dejar los montones en el pasillo o junto a la lavadora. En algún lugar que no esté fuera del camino, para que no pueda olvidarse. Los desencadenantes y los recordatorios sólo son eficaces si funcionan.

Poner un temporizador o un recordatorio en tu teléfono para programar tu descanso y no acabar desplazándote sin sentido por Facebook antes del trabajo y acabar llegando tarde. El nuevo objetivo (tener una mañana menos apurada) se implementa mediante el nuevo comportamiento (el temporizador) para romper el viejo hábito (horas de desplazamiento sin sentido por las redes sociales).

Para inculcar el hábito, asegúrate de que el desencadenante interrumpirá tus procesos automáticos. El inconveniente es que éstos requieren una planificación. Tendrás que acordarte de poner el activador para recordar.

Entonces, ¿qué hacer? Se puede programar una alarma para levantarse más temprano y dejarla sonar. De este modo, no tendrás que acordarte constantemente de poner la alarma para hacerlo. Puedes colocar notas adhesivas en la nevera para recordarte que debes ser consciente de lo que comes. En la mayoría de los casos, se trata de tareas puntuales para las que hay que acordarse de poner un recordatorio. La buena noticia es que la mayoría de las veces, los activadores o recordatorios pueden automatizarse.

Establecer sus propios recordatorios

Con la tecnología actual, es más fácil que nunca tener acceso a aplicaciones que te ayuden a establecer activaciones automáticas. Puedes utilizar tu teléfono móvil, ordenador, tableta, etc. para establecer recordatorios que desencadenen comportamientos.

Los recordatorios automáticos crean hábitos. Al eliminar el estrés adicional de tener que recordar para recordar, puedes agilizar el proceso de creación de tu nuevo hábito que te encamina hacia tu futuro objetivo.

No sólo es bueno para los nuevos comportamientos, sino también como recordatorio de cosas que son demasiado importantes como para olvidarlas, incluso como comportamientos ya establecidos. Puede ocurrir cualquier cosa que te despiste, así que los recordatorios automáticos son ideales para cubrirte en caso de interrupción.

Utilizar tus dispositivos para establecer y enviar recordatorios es una gran manera de cubrir tus bases. Puede parecer una tontería al principio, pero establecer un recordatorio para beber agua o levantarse y estirarse es la mejor manera de caer en nuevos hábitos. Así no tendrás que preocuparte por olvidarte de hacer las cosas que quieres hacer (Wax, 2019).

Capítulo 11: El miedo a actuar

Hay muchos sentimientos que contribuyen a procrastinar, y vamos a explorarlos y a mostrarte cómo reconocer estos sentimientos y lo que significan. El primer sentimiento que analizaremos es el miedo al fracaso. El miedo al fracaso afecta a la vida de millones de personas, y como resultado, la procrastinación no suele estar muy lejos. Sin embargo, se puede controlar el miedo al fracaso y la procrastinación, y es muy fácil hacerlo. El miedo al fracaso te lleva a autosabotearte y te hace sentir incómodo. Podrías estar experimentando no sólo un miedo al fracaso, sino que también podrías tener un miedo a la desaprobación. Una cosa que tenemos que hacer es pensar en cómo podemos superar el miedo que surge cuando pensamos en el fracaso.

El fracaso, por definición, significa que algo está por debajo de una norma o no cumple un determinado objetivo. Dada esta definición, el fracaso parece inevitable, hagas lo que hagas, porque nadie es perfecto. Sin embargo, esta definición no se ajusta exactamente a la realidad, ya que todo el mundo sabe que la palabra fracaso se suele adornar. Así que esta definición no nos da pie a nada porque se exagera.

La cafeína y el tabaco son estimulantes que pueden causar una gran ansiedad para aquellos que ya la padecen, por lo que reducir su consumo de estos estimulantes va a ayudar a mantener su cuerpo y su mente en condiciones óptimas. Si puedes eliminarlos por completo, eso sería lo mejor, pero para algunos, no son capaces de hacerlo, así que como mínimo, reducirlos podría ayudar, pero esencialmente, si pudieras eliminarlos por completo, eso sería lo mejor para tu cuerpo.

El miedo al éxito es también otra razón por la que la gente procrastina. Muchos de nosotros tenemos miedo al éxito, pero no nos damos cuenta. No nos damos cuenta de que estamos caminando lentamente, y que estamos dudando. Que estamos dándole vueltas a cada una de las publicaciones que hacemos en Facebook, pensando que tiene que ser leído por todo el mundo, pero con miedo a que lo lea alguien. Tampoco nos damos cuenta de que estamos haciendo hermosos planes, pero luego no estamos haciendo realmente ninguna de las cosas de las listas que hacemos. Todas estas cosas demuestran que podemos tener miedo al éxito.

Es fácil encogerse de hombros ante el miedo al éxito diciendo que es sólo procrastinar, pero éste es el problema. Es difícil dejar de procrastinar, sobre todo si se lleva más allá de la simple procrastinación. En el caso de las personas que odian que se les preste atención, puede ser un signo de miedo al éxito. Lo mismo ocurre con el hecho de no querer que el público te mire podría ser otra señal. Cuando tienes un trabajo que hacer, si llega el momento, podrías tener miedo de no poder cumplir. No se trata de un miedo por carecer de una habilidad (si ese fuera el caso, no deberías aceptar el trabajo en primer lugar); es un miedo que surge después de tener la capacidad de hacer algo. Puede que tengas miedo de atragantarte.

Puede que tengas miedo de que el éxito se convierta en algo que no quieres que sea. Puede que veas a otras personas que han tenido éxito y te des cuenta de que ese no es el tipo de persona que admiras como modelo, y puede que tengas miedo de convertirte en el mismo tipo de persona. Otro temor es que te preocupe que, si tienes éxito, no tengas tiempo para las cosas que haces ahora. Si tienes hijos, trabajo voluntario o la universidad; todas estas cosas son cosas que querrías completar o, en el caso de los niños, deseas criarlos y ser un buen padre, y puede que te preocupe que, si tienes éxito, no puedas ocuparte de todos o de todo de la forma en que eres capaz de hacerlo ahora. Otro temor es que, en realidad, no quieras que las cosas cambien, así que no quieres tener éxito porque te gusta la rutina que tienes ahora.

Así que las formas en que podemos ayudar a su miedo al éxito es que podemos explorar y contrarrestar nuestras creencias negativas. Lo que debemos hacer es pasar algún tiempo explorando lo que crees y tratar de reducir estas creencias a una sola frase que resuma cómo te sientes sobre ti mismo. Por ejemplo, si siempre dices que nunca puedes hacer nada bien o que no tienes lo que hay que tener, cambia la forma en que te hablas a ti mismo. Una vez que entiendas cómo te sientes, contrarresta y empieza a demostrarte a ti mismo que tus creencias no son reales (las negativas). Haz una lista de todas las cosas buenas que tienes y demuéstrate a ti mismo que tienes grandes experiencias y que eres increíble tal y como eres.

Habla contigo mismo y di cosas como que está bien tener éxito y que te respetas. Dígase a sí mismo que ama lo que es. Piensa en cosas más felices sobre ti mismo en lugar de en cosas negativas. Llevar un diario es una forma estupenda de superar el miedo al fracaso y el miedo al éxito. Registra cómo te sientes y explora las preguntas que puedes hacerte, como por ejemplo, qué es lo que te frena. Si lo practicas con regularidad, podrás desahogar tu mente, lo que te hará sentir más tranquilo y relajado.

No te arrepientas de no haber aprovechado las oportunidades o de haberlas evitado. Recuerda que la vida es preciosa, así que en lugar de procrastinar, debemos utilizar nuestro tiempo con sabiduría. Esto no significa lanzarse a hacer todo lo posible. Sólo significa dar pequeños pasos hacia lo que te llama. Piensa en los éxitos del pasado y en cómo lo conseguiste. Haz pequeños cambios diarios en tu forma de pensar y en lo que haces.

Si la raíz de tu miedo al éxito es el cambio, no hagas grandes cambios de golpe. En su lugar, haz pequeños cambios. Así podrás acostumbrarte. Aceptar que vas a sentir incomodidad también es una buena herramienta. Estar en el candelero es muy incómodo, sobre todo si eres consciente de ti mismo. Date cuenta de que la incomodidad es inevitable, pero no va a durar siempre.

Te sentirás incómodo y avergonzado cuando lo hagas por primera vez, pero vas a aprender a adaptarte y esa sensación desaparecerá o, al menos, si nunca desaparece del todo, se reducirá con el tiempo. No hay ganancia sin un poco de trabajo.

También tendrás que cambiar la forma en que hablas de ti mismo y la forma en que te hablas a ti mismo. Fíjate en las formas en que te saboteas a ti mismo a diario e intenta pensar y hablar de forma diferente o desarrollar patrones diferentes para no seguir autosaboteándote. Vuelve a lo que piensas cada día y encuentra la raíz de tu miedo. En lugar de concentrarte en él, trabaja conscientemente para cambiarlo. Esta es la mejor manera de evitar el miedo al éxito.

El perfeccionismo es un problema que también afecta a muchas personas, y en realidad es algo que la mayoría de la gente no entiende porque piensa que el perfeccionismo es algo bueno. Querer que todo sea lo mejor posible no es necesariamente malo. Lo que puede ser malo es lo que te hace, y los perfeccionistas que procrastinan no lo hacen porque sean perezosos, que es otro estigma que la gente que procrastina ha puesto sobre ellos, es que quieren que todo sea perfecto, por lo que tienen problemas para empezar. Si consiguen empezar, tienen que hacerlo una y otra vez porque nunca es lo suficientemente perfecto para ellos, y sienten que no es lo suficientemente bueno.

Todo el mundo sabe que la procrastinación es algo malo, pero lo curioso es que la gente piensa que los sentimientos y los problemas que la acompañan pueden estar bien. El perfeccionismo está plagado de dificultades, y cuando tienes tanto la procrastinación como el perfeccionismo juntos, se forma un bucle en el que te quedas atrapado porque cuanto más intentas hacer las cosas perfectas, más procrastinas, y así sucesivamente. Esto te mete en un círculo vicioso del que es muy difícil salir.

La perfección provoca sentimientos de satisfacción por los logros alcanzados, pero son temporales porque creen que siempre hay más cosas que hacer. También piensan que hay más formas de mejorar las cosas. Son sus críticos más duros, y si la más mínima cosa sale mal, se reprenderán durante horas o incluso meses. Les gusta hacer las cosas a trompicones para luego derrumbarse de cansancio cuando por fin han conseguido lo que creen que es perfecto. Suponiendo que hayan logrado su objetivo. Lo que hay que recordar aquí es que nadie ni nada es perfecto, así que los perfeccionistas se esfuerzan básicamente por conseguir algo que es inalcanzable. La búsqueda de la perfección puede provenir de un intento de preservar un sentido de autoestima, pero uno es digno tal como es, y no tiene que ser perfecto porque nada lo es. Por eso es tan importante entender quién eres y que eres digno de todo tal y como eres.

La razón por la que necesitas salir del perfeccionismo es porque es el enemigo de la productividad, la creatividad e incluso de tu cordura. Los perfeccionistas están tan preocupados por el resultado de todo, pero los perfeccionistas son víctimas del pensamiento adverso, y eso realmente inhibe tu creatividad e innovación, y como no duermen porque quieren que todo sea perfecto, eso podría afectar tu claridad mental. El perfeccionismo también podría tener un efecto más prolongado en tu salud mental y física. El pensamiento disfuncional (que puede ser un efecto del perfeccionismo) puede ser tóxico para ti, conduciendo a la duda y al agotamiento mental.

Ambas cosas juntas pueden provocar problemas como el insomnio o incluso una inmunidad comprometida. Lo que tienes que hacer es tomar contacto con el valor de lo que estás haciendo y ser consciente de las expectativas poco realistas. Recuerda que a nadie le va a importar que tu material sea perfecto. En la mayoría de los casos, la gente está tan metida en sí misma que ni siquiera se fija en los demás, o cuando lo hace, no ve ningún pequeño desliz por tu parte. En lugar de querer impresionar a los demás, asegúrate de que sabes lo que vales y que tu trabajo es bueno y que sabes que tu trabajo es bueno. Entiende también la diferencia entre perfección y excelencia. La excelencia surge del aprendizaje y del disfrute de una experiencia que tienes y del desarrollo de la confianza a partir de dicha experiencia.

La perfección fomenta los sentimientos negativos porque tienes miedo de cometer cualquier error percibido, así que la mejor manera de romper el ciclo del perfeccionismo es cambiar tu forma de pensar. Tienes que aceptar que nunca va a ser perfecto porque nada lo es y que no necesitas esperar a que las condiciones sean perfectas para empezar. Cuando entiendas que nada es perfecto y que sabes que tus resultados serán satisfactorios, te será útil porque estás cambiando tu forma de pensar. Entonces entenderás el valor de tu trabajo. Comprender esto y ser capaz de sentirte mejor contigo mismo es el primer paso para romper el ciclo. Recuerda que eres digno.

Otra razón por la que la gente procrastina y un sentimiento que hay que identificar es la aversión al trabajo duro. Esto se asocia con la sensación de que harás las cosas más tarde. Si no te gusta hacer algo, entonces sientes que no tienes que hacerlo. Los procrastinadores se dejan llevar por sus malos hábitos en primer lugar, al menos por una razón, por un momento del día o de la semana. Cuando se procrastina, se necesita mucho autocontrol, y si ya has tomado muchas decisiones ese día, es más difícil ejercer ese autocontrol que necesitas. Cuando estás cansado, y tu cerebro está agotado, no quieres hacer nada difícil, así que quieres relajarte en su lugar, y eso es en parte por lo que la gente tiene aversión al trabajo duro.

Si se puede entender el problema, se puede arreglar. Sin embargo, lo mejor que puedes hacer es averiguar por qué tienes aversión al trabajo duro y ser consciente de tus hábitos para empezar a cambiarlos, y dejarás de tener aversión al trabajo duro. Por lo general, la aversión al trabajo duro puede ser la pereza o cualquier otra cosa de esa naturaleza.

Cuando te sientes abrumado, esto también puede hacer que procrastines. Hay una experiencia emocional que está relacionada con el hecho de procrastinar. Si te sientes realmente abrumado por las emociones negativas, puedes experimentar una sensación de pavor por lo que tienes que hacer incluso antes de empezar.

Tienes que ser capaz de evitar estas emociones negativas, lo cual puede ser más difícil de lo que crees porque no es tan fácil como la gente piensa evitar las emociones negativas, pero si estás siendo autodestructivo porque estás abrumado en el caso de la procrastinación, vas a posponer todas tus tareas a mano porque es obvio que tus sentimientos te están afectando de una manera que afecta a cómo eres capaz de hacer las cosas.

Si puedes hacer frente a estas emociones negativas y dividir tus tareas en otras más sencillas para no sentirte tan abrumado, entonces poco a poco empezarás a ser capaz no sólo de lidiar mejor con la procrastinación, sino que serás capaz de dejar de agobiarte porque entenderás cómo eliminar esos sentimientos abrumadores de ti o, al menos, serás capaz de ayudarlos menos para no sobrecargar completamente tus sentidos y tu sensibilidad.

El aburrimiento es otra razón muy importante por la que la gente progresa. Si no tienes nada que hacer o incluso si tienes un millón de cosas que hacer y estás aburrido, entonces vas a querer procrastinar. Un buen ejemplo es la comida.

Mucha gente come no porque tenga hambre, sino porque está viendo la televisión y se aburre. Es el mismo tipo de idea aquí. Si estás aburrido, te vas a encontrar procrastinando porque no quieres hacer nada. Cuando quieres hacer algo, es más fácil quedarse con la procrastinación y los sentimientos de aburrimiento en lugar de levantarse y hacer algo porque es más fácil.

Hay formas de salir de estos sentimientos. Cuando te sientas aburrido, intenta empezar con una pequeña tarea, y luego puedes ir aumentando poco a poco las tareas más grandes.

En la mayoría de los casos, descubrirás que el mero hecho de empezar algo te ayudará a sentirte menos aburrido, además de sentirte más productivo y realizado.

Obviamente, los pensamientos negativos van a tener un impacto muy grande en tu mente, y esto puede llevar a una procrastinación realmente mala.

También existe una relación entre la ansiedad y la procrastinación, pero se necesitan más estudios para ser concluyentes. Sin embargo, las investigaciones han descubierto que los pensamientos negativos conducen a la procrastinación debido a las dudas y al autosabotaje.

La mayor relación demostró que las personas que tienen problemas de procrastinación suelen tener pensamientos negativos repetitivos. En particular, tienen pensamientos negativos con respecto a los eventos pasados que sucedieron en su vida. Aquí es donde entra el autoperdón una vez más. El autoperdón y la autocompasión están relacionados con la disminución de la procrastinación y la reducción de los pensamientos negativos para que puedas sentirte mejor contigo mismo y comenzar a sanar de la negatividad.

La indecisión también puede llevar a la procrastinación. En el caso de tener demasiadas opciones o no tener las suficientes, podría ser muy difícil tomar una decisión. La procrastinación suele ocurrir no porque no se quiera tomar una decisión, sino porque se tiene la incapacidad de tomarla.

Demasiadas opciones pueden inundar la mente de alguien, y su incapacidad para elegir puede estar directamente relacionada con su miedo a cometer un error. Los estudios han demostrado que esto aumentará exponencialmente si tienen un historial de ser corregidos cuando querían hacer una elección, o siempre se nos dice lo que tenemos que hacer. Esto también es cierto si a alguien se le dijo lo que debía querer en lugar de poder decidir por sí mismo.

Estos son ejemplos extremos, pero crean dudas sobre uno mismo, y ayudan a guiar a la persona a tener una incapacidad para conectar con su propia guía interior. Así que lo que puedes hacer para solucionar esto es tomarte tu tiempo para crear listas en las que te hables positivamente a ti mismo.

Cuanto más te pongas en contacto contigo mismo, más vas a entender por qué haces lo que haces y cómo cambiar lo que haces. Un gran ejemplo es la cena. Si eres incapaz de tomar una decisión sobre qué cenar, intenta limitar tus opciones. En lugar de ofrecer siete sugerencias, ofrezca dos.

Esto le ayudará a empezar a ser capaz de tomar pequeñas decisiones por sí mismo, y le pondrá en el buen camino. En muchos casos, la incapacidad de elegir se debe simplemente a que hay demasiadas opciones. Sí, si no puedes elegir, seguirás teniendo problemas para elegir entre dos opciones diferentes, pero dos opciones diferentes son mucho menos aterradoras de manejar que siete opciones diferentes. Así que ahora que hemos descubierto por qué la gente procrastina, podemos empezar a decirte cómo puedes dejar de hacerlo.

Capítulo 12: Principales Consecuencias de la Procrastinación

Saber qué es la procrastinación mediante definiciones es una cosa, pero saber qué es la procrastinación examinando cómo se ve en tu vida diaria es otra cosa totalmente distinta. La definición que se ofrece aquí es muy sencilla: es hacer cosas que se sienten bien en el momento, pero que no se traducen en objetivos a largo plazo. Para que esta definición sea válida, se supone que, en primer lugar, tienes objetivos. La mayoría de la gente los tiene. Puede ser cualquier cosa, desde querer mejorar en la vida, cambiar la situación de vida o incluso ser económicamente independiente. Todos estos son tipos de objetivos diferentes, pero tienen algo en común: requieren un trabajo duro.

La procrastinación, por tanto, es una aflicción universal que siente cualquiera que tenga un objetivo en mente. Incluso si la meta es la única subvocalización en la mente que nadie conoce, sigue siendo una meta. Otra palabra que encaja aquí es deseo. Deseamos divertirnos y jugar (procrastinación), pero también queremos algún tipo de cambio a largo plazo (que requiere trabajo duro). Si te limitas a divertirte y a jugar en tus horas libres, te estás privando de realizar compromisos a largo plazo. La procrastinación es, pues, un ladrón de tiempo y un ladrón de autorrealización.

Un examen de tus hábitos diarios comienza con un desglose de las cosas importantes. Lo más obvio será el tiempo que pasas durmiendo, en el trabajo o en la escuela. A partir de aquí, puedes pasar a lo específico. Sólo hay 24 horas en un día. Un ejemplo de desglose puede ser el siguiente. La mayoría de las personas tendrán desgloses muy diferentes para un día determinado.

Para simplificar las cosas, en el ejemplo suponemos que se trabaja a tiempo completo durante un día de la semana.

Tiempo de sueño - 8 horas (33%)

Tiempo dedicado al trabajo (incluidos los desplazamientos) - 9 (37,5%)

Juntos, el trabajo y el sueño representan la friolera de un 70% del presupuesto de tiempo diario. Esto supone unas 17 horas en total en las que tienes pocas oportunidades de perseguir objetivos a largo plazo (suponiendo que estos objetivos no estén estrictamente relacionados con el trabajo). El otro supuesto es que el trabajo es lo suficientemente atractivo como para que los objetivos a largo plazo sean imposibles de alcanzar. Esto deja otras 7 horas para repartir entre ocio, responsabilidades, tareas, etc. Aquí es donde las cosas se complican. Estas 7 horas pueden repartirse de una manera aparentemente infinita en diversas áreas.

Muchas de estas actividades se reparten además a lo largo de la semana en lugar de hacerlo a diario.

1.   Tiempo dedicado al mantenimiento personal (higiene, funciones corporales, alimentación)

2.   Tiempo dedicado a la economía doméstica (tareas, preparación de la cena, compra de alimentos y cuidado de los niños)

3.   Aficiones

4.   Entretenimiento

5.   Socialización

6.   Ejercicio

7.   Trabajo fuera del trabajo (seminarios, adquisición de nuevas habilidades, prácticas, etc.)

8.Un   sinnúmero de otros

El resto de la actividad queda en tus manos. Lo más importante es encontrar la cantidad de tiempo que se considera ocio o tiempo "propio". En general, se trata de actividades que están por debajo del número 4 de la lista anterior.

Cada persona es diferente en este sentido. Los padres suelen dedicar más tiempo a los hijos que los no padres. Habrá una marcada diferencia entre los que trabajan a tiempo completo, a tiempo parcial y los que están desempleados. Cuanto más tiempo libre tenga uno, mayores serán las posibilidades de que ceda a la procrastinación.

La imagen estereotipada de un joven desempleado es la de alguien sentado en casa sin hacer nada en todo el día. Otros desempleados tratan su paro como un trabajo, pasando hasta ocho horas al día buscando trabajo. Muchos de ellos también recurren a la "economía de los trabajos" para conseguir un dinero extra realizando tareas de poca importancia y especializadas a cambio de dinero en Internet.

Los malos hábitos como enemigo personal

En términos de procrastinar, un mal hábito es cualquier hábito que le quita tiempo a su objetivo. Puede haber varios de estos hábitos que practiques a lo largo del día. Estos hábitos también son fáciles de identificar. Si una actividad...

-Se produce casi a diario sin un periodo de tiempo definido, pero a menudo puede durar una hora o más;

Te hace sentir bien por dentro;

-Le distrae del estrés de la vida;

Es de ejecución automática, como un piloto automático;

-No te da nada a cambio después de innumerables horas perdidas;

-Simula una sensación de logro sin proporcionar un retorno adecuado de la inversión.

Esto no quiere decir que cualquier actividad que te haga sentir bien sea intrínsecamente mala. Es sólo cuando esas actividades superan tus preferencias por las orientadas a objetivos que hay un problema.

El sexo nos hace sentir bien y es un aspecto completamente saludable de las relaciones humanas. La adicción al porno, los encuentros sexuales casuales fuera de control y la adicción a la masturbación, por otro lado, son generalmente poco saludables. El adicto al porno sigue sin tener una relación real. El libertino puede buscar la plenitud en las parejas con las que se acuesta, sólo para darse cuenta de que nunca puede encontrarla.

Quizá el mayor indicio de un mal hábito sea el tiempo. Pasar demasiado tiempo haciendo algo en relación con otras actividades es una señal segura de que se está perdiendo el tiempo. Si se siente bien mientras lo hace, entonces doblemente. La mayoría de las personas que lean este libro ya tendrán una idea de cuáles son estos hábitos. Lo más probable es que los haya identificado en el pasado pero no haya hecho nada para cambiarlos.

¿Todavía no está seguro de cuáles son sus malos hábitos? Todo el mundo los tiene; a no ser que seas muy disciplinado, hay algunas actividades de tu vida diaria que realizas en exceso. A esto lo llamamos exceso de indulgencia, que es una forma elegante de decir que no hacemos nada en absoluto.

El chocolate es un capricho porque comerlo es placentero, pero hay que modularlo adecuadamente. Jugar a los videojuegos es un capricho, pero hacerlo con demasiada frecuencia puede causar problemas. A menos que seas una gran estrella de los eSports, probablemente no deberías jugar ocho horas al día.

Identificar algunos de estos hábitos será más fácil que otros. El tipo de persona que seas también determinará lo difícil que es detectarlos. Una persona que trabaja a tiempo completo es menos probable que sea adicta a algo que requiera un gran compromiso de tiempo, pero aún así puede disfrutar viendo Netflix en cuanto llega a casa.

Demasiados trabajadores a tiempo completo "desconectan" en cuanto llegan a casa y llevan la relajación a otro nivel. En cambio, un estudiante que no trabaja puede encontrar más fácil sacar tiempo para sus malos hábitos. Estos malos hábitos pueden ser múltiples y tener un efecto agravante en su gestión del tiempo. Incluso quienes no tienen adicciones evidentes pueden sufrir la obsesión de los "muchos". Tener demasiados intereses, obligaciones o compromisos artificiales.

Todos los malos hábitos tienen en común el conjunto de criterios enumerados anteriormente. Merece la pena examinar esta lista y ver cuáles de tus actividades diarias se ajustan a ella.

Ocurre casi a diario o diariamente sin un periodo de tiempo definido, pero a menudo puede durar una hora o más

Cualquier actividad que se realice a diario no es intrínsecamente mala. La mayoría de nosotros conducimos para ir y volver del trabajo todos los días y conducimos para hacer recados los fines de semana. ¿Es entonces conducir un mal hábito? Potencialmente, sí. Otras personas que dan importancia al lugar de trabajo pueden optar por desplazarse hasta dos horas en ambos sentidos porque el trabajo está mejor pagado.

Lo que pierden en esas cuatro horas de ida y vuelta al trabajo les merece totalmente la pena. Una vez que una actividad se convierte en un hábito diario y ocupa una cantidad significativa de su tiempo libre, ocurre algo diferente. Esa práctica puede ser de carácter indefinido, es decir, que un día lo haces durante treinta minutos y al día siguiente te dejas llevar fácilmente y lo haces durante tres horas.

Este es un comportamiento típico de los adictos a las redes sociales. Los adictos a las redes sociales también lo hacen. En primer lugar, necesitan una dosis diaria y, en segundo lugar, pueden perder la noción del tiempo si entran en un "punto dulce" durante sus actividades. Los jugadores desbloquean nuevos contenidos del juego y no saben cómo retrasar esa gratificación, por lo que siguen jugando en lugar de esperar a mañana. Es obvio establecer la conexión entre la procrastinación y el comportamiento compulsivo.

Un adicto al juego se sienta frente a una máquina tragaperras porque cree que hacer más de algo acabará dando sus frutos. O que hacer más es, de alguna manera, preferible a volver a casa con las manos vacías. Esto es, por supuesto, la falacia del jugador. Hacer más apuestas no aumentará las posibilidades de obtener un premio.

En cambio, pocas personas se dejan llevar por las tareas, el estudio o el ejercicio físico. De hecho, estas actividades están diseñadas de forma que dependen del tiempo. Una vez que todos los platos están limpios, la actividad de lavar los platos se detiene.

Una vez terminada la redacción, cerramos el procesador de textos y esperamos no tener que volver a verla pronto. Una vez agotados nuestros músculos, recogemos nuestras cosas y nos vamos a casa. Nadie quiere pasar en el gimnasio más tiempo del necesario (culturistas aparte).

Las actividades que no dependen del tiempo son más propensas a convertirse en malos hábitos. Éstos, a su vez, pueden tener un aspecto compulsivo.

Te hace sentir bien por dentro

En el corazón de cada mal hábito hay un bucle de retroalimentación positiva que hace que tu mente anhele más. Esto es bastante intuitivo. Nos gusta hacer cosas que nos hacen sentir bien y evitar las que nos hacen sentir mal. El problema es que esta política de "sentirse bien" tiene un gran potencial para estropearse. Todos conocemos el viejo dicho de que demasiado de algo bueno es malo. Es cierto en todos los casos. Si una actividad te hace sentir bien, debes esforzarte por convertirla en una actividad dependiente del tiempo.

De lo contrario, seguirás haciéndola sin tener en cuenta el paso del tiempo. Incluso el sexo, uno de los distintivos de la sensación de bienestar, depende del tiempo para la mayoría de las personas. Nos gusta hablar de "estar toda la noche", pero para la mayoría, esto es sólo un tipo de juego previo. Estar toda la noche con él es agotador, mentalmente agotador, y al final se convierte en aburrimiento. Las actividades en el dormitorio suelen tener un límite de tiempo en el que cualquier actividad más allá de ese punto resulta indeseable.

Toda acción placentera sigue la ley de los rendimientos decrecientes. El primer subidón que se obtiene al consumir drogas nunca se comparará con el que se obtiene después. Lo mismo puede decirse de otros comportamientos potencialmente compulsivos. Perderse en un libro por primera vez es increíble.

Releerlo sigue siendo placentero, pero no se parece en nada a la primera vez. Esto provoca un círculo vicioso en el que se necesita más de lo mismo para obtener la misma respuesta de placer. Puede significar pasar horas de juego para alcanzar un determinado nivel, consumir cantidades cada vez mayores de drogas para superar la tolerancia o acosar las redes sociales para buscar más atención.

Evalúa cómo responde tu mente a la actividad placentera en tu vida diaria. ¿Eres capaz de convertir una actividad independiente del tiempo en una actividad dependiente del tiempo? ¿O es susceptible de dejarse llevar, perder la noción del tiempo y hacer algo durante horas sólo para preguntarse dónde ha ido el día?

Te distrae del estrés de la vida

Todos necesitamos un poco de alivio del estrés aquí y allá. Las cosas que nos hacen sentir bien nos dan un respiro de la monotonía de la vida cotidiana. Y no nos equivoquemos, la vida es realmente dura. La vida puede doblegar a las personas, por muy fuertes que parezcan.

Pero quienes se enfrentan a una adversidad extrema en su vida deben resistirse a caer en la trampa de las distracciones. El estrés es malo, pero también puede ser bueno. Afrontar el estrés de frente es análogo a afrontar los problemas de frente en lugar de evitarlos. En este caso, la procrastinación no es más que retrasar el momento de afrontar un problema al que hay que enfrentarse algún día. Cuanto más se prolongue esto, más difícil será enfrentarse a dicho problema.

En psicología, esta ansia de distracción suele denominarse "escapismo". Denota cualquier comportamiento que sirve para preocupar a la mente con una especie de realidad alternativa. El escapismo es un tipo de fantasía en la que podemos transportarnos temporalmente a circunstancias diferentes. Los mundos virtuales dan la impresión de que podemos influir en el cambio con facilidad.

A diferencia de la vida real, en la que rara vez tenemos el control de las desgracias que nos pueden ocurrir. Pero como el escapismo no tiene ninguna relación con el mundo real, cualquier esfuerzo dedicado a fantasear en realidad nos hace retroceder más. Para algunos, puede tener un precio desagradable.

Cualquier actividad que distraiga tu mente de tus problemas debe ser examinada críticamente. Está bien permitirse estas cosas. Incluso el consumo diario de alguna distracción es correcto, incluso saludable, en términos de alivio del estrés.

Pero estas distracciones suelen coincidir con actividades independientes del tiempo. Es demasiado fácil engancharse a ellas para mal. Una mente enganchada es una mente que no se preocupa por resolver los problemas. Este tipo de procrastinación puede costar muy caro. El escapismo se convierte fácilmente en adicción si se mantiene sin control.

Las adicciones como las drogas, el alcohol y los cigarrillos también pueden incluirse en el escapismo.

Todas estas cosas dan un subidón temporal y sirven para distraer. Hay un dicho que dice que el alcohol sabe mejor cuando la vida apesta, y es cierto. Las sustancias adictivas son más tentadoras cuando la persona siente que no tiene control sobre su vida o que es injustamente castigada por su estado.

Es como un piloto automático; de ejecución automática

Cuando alguien dice que siente que su vida está en "piloto automático", normalmente no es bueno. Significa que esa persona tiene problemas para aceptar su capacidad. Probablemente les falta confianza en sí mismos porque carecen del poder para cambiar su estado de cosas. Del mismo modo, las actividades en las que se encuentra en piloto automático son malas.

Los peores hábitos son los que se forman a través de la acción subconsciente. Haces estas cosas probablemente porque se sienten bien, y simplemente "te desconectas" durante su ejecución. Levantarse cada día e ir directamente al ordenador o al smartphone es un tipo de decisión automática que todos tomamos. Comprobar nuestros teléfonos a primera hora no es necesariamente malo (hay muchos casos de uso legítimo para esto), pero hacerlo perfila perfectamente el proceso de pensamiento automático.

No todos los hábitos que parecen automáticos son perjudiciales para usted. De hecho, tener un buen hábito con ejecución automática es una forma de parecer disciplinado. ¿Qué pasaría si ir al gimnasio cada día le pareciera a tu cerebro lo mismo que lavarse los dientes?

No da nada a cambio después de innumerables horas perdidas

Este atributo es un poco artificioso y será diferente según los objetivos de la persona. Un pasatiempo saludable es aquel del que una persona obtiene placer, pero que también tiene algún retorno de la inversión. Trabajar en un jardín, por ejemplo, puede ser placentero y dar muchos frutos a cambio.

Además de poder cosechar tus propios alimentos, la jardinería puede hacerte salir más de casa, hacerte pensar de forma crítica y fomentar el sentido de la responsabilidad (si no riego mis plantas, ¿quién lo hará?). Otras actividades placenteras hacen muy poco en este sentido. ¿Cuál es el rendimiento global de la inversión de ganar en tu juego multijugador favorito? Seguro que mejoras en el juego, pero en el mundo real, eso no tiene ningún valor. Puede ser valioso para ti, pero para la mayoría de la gente, esto palidecerá en comparación con el valor atribuido a cosas como la familia, la riqueza, la salud y el autodescubrimiento.

Tu tiempo está mejor empleado en crear valor para los demás. Procrastinar no crea valor para nadie más que para ti mismo. E incluso así, es un valor fugaz. Los comportamientos adictivos te costarán dinero a largo plazo. Ya sea por la pérdida de salarios, la reducción de la productividad o el coste monetario de mantener esa adicción. Fumar un cigarrillo al día tiene un gran valor. Lo mismo ocurre con beber un paquete de seis cervezas a la semana para "relajarse" o pagar una suscripción a un sitio porno.

Su tiempo es inmensamente valioso. Toda la economía mundial puede reducirse a un mercado de intercambio de tiempo por bienes y servicios.

Un dólar significa mucho más que la capacidad de compra. En cierto modo, te da la libertad de hacer cosas porque un dólar ganado es un dólar menos que tienes que ganar en salarios. Por lo tanto, el lugar en el que se gasta el tiempo es tan importante como el lugar en el que se gasta el dinero. Piensa en los innumerables estudiantes universitarios que prefieren saltarse las clases cuando se sienten desmotivados o prefieren estar en una fiesta. Con la reciente subida de los precios de las matrículas, saltarse esa única clase puede haberles costado cientos de dólares.

Simula una sensación de logro sin dar un retorno adecuado a la inversión

Los videojuegos a menudo hacen que el jugador salte a través de diferentes niveles de progresión, dando la impresión de que algo está "mejorando" Esta falsa sensación de logro puede ser uno de los aspectos más adictivos de ciertas actividades que dependen del tiempo. Muchos pueden dedicar innumerables horas a un videojuego, una serie de televisión u otras actividades de entretenimiento porque sienten que están logrando algo. Se quedan con sus personajes favoritos hasta el final, viviendo los momentos vicarios de sus ficciones favoritas. Pero el resultado final es siempre el mismo. Nada ha cambiado en sus vidas personales. En cuanto apagan el televisor o la videoconsola, vuelven a la casilla de salida, con la sensación de no haber hecho nada.

CAPÍTULO 13: CÓMO SUPERAR LA PROCRASTINACIÓN

Ahora que ha aceptado el hecho de que procrastina y ha decidido qué tipo de procrastinación prefiere, es el momento de dejar los malos hábitos del pasado donde deben estar: en el pasado. La procrastinación es un mal hábito, y ahora tiene que desaparecer.

Los buenos y los malos hábitos se crean de la misma manera. ¿Recuerdas al bebé que aprende a caminar? El bebé formó un buen hábito haciendo algo una y otra vez; el bebé utilizó el poder de la repetición. Nosotros creamos los malos hábitos de la misma manera. Realizas una acción una y otra vez hasta que has creado una vía en el cerebro para que la información de ese mal hábito viaje, y ahora forma parte de ti. Lo que hace que los hábitos sean difíciles de cambiar es el proceso que los creó en primer lugar. La repetición constante ha grabado ese hábito en tu cerebro.

Los hábitos son patrones de comportamiento que se forman por la repetición de la conducta. Si se rompe el patrón, se rompe el hábito. Suele haber un desencadenante definido que inicia el patrón de comportamiento que termina con la repetición del hábito. El desencadenante puede ser una respuesta emocional o una respuesta a algo del entorno o a algo de la situación en la que te encuentras. Piensa en volver a casa después de un día absolutamente horrible en el trabajo con toda la intención de hacer una hora de yoga antes de comer una cena saludable. Cuando entras por la puerta principal, lo primero que ves es el sofá y la televisión. Antes de que te des cuenta, estás tumbado en el sofá viendo una película y comiendo pizza a domicilio. El sofá y la televisión han provocado en ti una respuesta basada en la emoción, la situación y el entorno. Si hubieras entrado en la casa por la puerta de atrás, podrías estar haciendo yoga ahora mismo.

Seguir un patrón como éste convierte algo en una rutina, y eso es lo que hace un hábito. Y un mal hábito se crea de la misma manera que un buen hábito. El cerebro no diferencia entre lo malo y lo bueno; sólo sabe que se trata de un hábito, y hay que recordarlo para que esté listo para usarlo la próxima vez que veamos este desencadenante.

Así pues, el primer paso para cambiar algo es la aceptación. Has aceptado el hecho de que procrastinas y quieres cambiar. Por eso estamos aquí. Has decidido qué tipo de procrastinador eres. Ahora vamos a poner el pasado donde pertenece, en el pasado. En el pasado, no terminabas las tareas a tiempo. En el pasado, no siempre hacías lo que se suponía que tenías que hacer. En el pasado, eras un procrastinador. Pero vamos a dejar la procrastinación en el pasado, donde pertenece.

Es importante aprender del pasado incluso cuando lo dejas atrás. Todas esas experiencias negativas que has tenido procrastinando te darán la información sobre ti mismo que necesitas para poder aprender y seguir adelante. Hazte preguntas sobre tu procrastinación para aprender lo que necesitarás para dar el siguiente paso. Piensa en la última vez que procrastinaste. ¿Cómo te hizo sentir? ¿Te hizo sentir feliz, poderoso, emocionado? ¿Puedo utilizar estos mismos sentimientos en mi beneficio cuando empiece a trabajar en mis nuevos hábitos? Una vez que hayas dedicado unos minutos a pensar en estas respuestas, pasamos al siguiente paso. Recordar el pasado durante unos minutos está perfectamente bien, pero pensar en ello durante demasiado tiempo es sólo insistir en ello y no hace nada por ti sino recordarte constantemente los fracasos del pasado.

Y ahora, cambiamos el enfoque de nuestra energía hacia el presente. Disfrutar de las actividades del presente es una de las mejores maneras de dejar atrás el pasado. Ahora es el momento de iniciar el camino hacia el nuevo tú que hace las cosas cuando se supone que las tiene que hacer. Ten en cuenta que las cosas que te hicieron procrastinar en el pasado siguen presentes en tu nuevo futuro. Seguirás viendo las mismas tareas y sentirás la necesidad de procrastinar. Esta sensación no desaparecerá de la noche a la mañana, pero trabajarás para corregirla cada día.

La mejor manera de dejar de procrastinar es ser consciente de cuándo se siente la necesidad de procrastinar. A veces es bastante obvio cuando estamos procrastinando. Lo sabemos si decidimos conscientemente no hacer algo. Lo sabemos cuando decimos: "Lo haré mañana". Pero hay veces en las que procrastinamos que no nos damos cuenta de lo que estamos haciendo hasta que se acaba el día y se nos acaba el tiempo. Estas pueden ser:

-Hacer listas

-Hacer tareas poco prioritarias

-Conseguir esa segunda taza de café antes de empezar a trabajar

Dejar un elemento importante en la lista de tareas pendientes durante varios días

-Navegar por la red

-Lectura de correos electrónicos sin importancia

-Responder a correos electrónicos sin importancia

-Mirando por la ventana

-Comprobando qué hay en la televisión esta mañana

-Cotillear con los compañeros de trabajo

-Ayudar a otra persona en su trabajo

-Comprobar la oferta de la máquina expendedora

-Lectura del periódico

Estos son sólo algunos ejemplos de cómo la gente se las arregla para perder el tiempo. Algunos de ellos pueden ser pertinentes para ti, y probablemente tengas algunos diferentes que añadir a la lista. La forma de procrastinar no es tan importante como reconocer que te dispones a procrastinar para poder detener el proceso. Vencer el hábito de la procrastinación depende del tipo de procrastinador que seas.

Procrastinador soñador

Hay que fijarse en los momentos en que se sueña despierto y en lo que se sueña despierto para empezar a entender por qué se sueña despierto. Algunas personas sueñan despiertas para evitar una situación estresante o dolorosa. Esto les permite escapar de posibles sentimientos o pensamientos negativos. Algunas personas utilizan la ensoñación como método para calmar sus emociones. Pueden soñar con su mundo tal y como quieren que sea y crear un mundo de fantasía en el que la vida es hermosa.

Así que haz una lista de lo que sueñas despierto. Analiza las fantasías que creas en tus ensoñaciones e intenta decidir qué te están diciendo. Al fin y al cabo, son tus pensamientos internos los que salen en una pequeña película que estás creando. ¿Te ves en otro lugar, geográficamente hablando? Tal vez quieras viajar, o incluso mudarte a otro lugar para vivir. ¿Te ves en modo creativo en tus sueños? Quizá tengas un talento natural para la música o el arte y necesites explorarlo. Puede que se te dé mejor de lo que tu mente consciente te reconoce.

Piensa en las veces que sueñas despierto y en lo que se supone que estás haciendo en ese momento. ¿Sueñas despierto con pintar retratos cuando se supone que deberías estar prestando atención en la clase de biología? Tu subconsciente podría estar diciéndote que no todo el mundo tiene inclinaciones académicas y que tal vez tu talento esté en las actividades artísticas. ¿Sueñas despierto con viajar cuando estás en el trabajo? O realmente quieres ir a otro sitio, o simplemente este no es el trabajo para ti.

Comprende lo que ocurrirá si sigues soñando despierto cuando se supone que deberías estar haciendo algo constructivo. ¿Puedes aceptar las consecuencias negativas de no prestar atención en la escuela o de no realizar tu trabajo como deberías?

Ahora presta atención a ti mismo y comprende que pueden empezar a ocurrir ciertas cosas cuando empiezas a soñar despierto. Es posible que ya no puedas recordar lo último que se dijo en la conversación. Pierdes la concentración física con el entorno al perder el contacto visual o al inclinarte hacia un lado lejos del grupo (piensa en el pupitre en la escuela y tu cabeza apoyada en la mano). Cuando se produzcan estos desencadenantes, interrumpe el momento para que la ensoñación no pueda afianzarse. Siéntate con la espalda recta. Ponte de pie y estírate si puedes. Establece contacto visual con al menos una persona. Repite en tu cabeza lo último que se ha dicho. Todas estas son técnicas que te mantendrán concentrado en la tarea que tienes entre manos.

Ronnie se da cuenta de que la mayoría de las veces sueña despierto en el trabajo porque su empleo de nivel básico se ha vuelto aburrido y rutinario. Sigue creyendo que tendrá más oportunidades de ascenso cuando esté delgado y en forma. Hasta entonces, lee revistas de fitness y se imagina delgado y musculoso en sus sueños.

Ronnie sabe que sus ensoñaciones le impiden terminar su trabajo cuando se supone que debe hacerlo y que sus ensoñaciones se refieren a lo que realmente quiere que sea su vida.

Procrastinador distraído

El procrastinador distraído tiene poca o ninguna capacidad para concentrarse en una cosa a la vez, por muy importante que sea. Se pierden pensando en la enorme enormidad del proyecto o la tarea y se sienten abrumados por el número de partes implicadas. Si este es tu caso, tendrás que aprender que el producto final no es tan importante como la forma de llegar a él. Esto no es una clase de matemáticas de la escuela primaria en la que tenías que mostrar tu trabajo y éste tenía que coincidir con la versión del profesor.

Tu primer paso es tener en mente tu objetivo. Véalo en su cabeza. ¿Quieres pintar un cuadro? ¿Quieres encontrar un nuevo trabajo? ¿Quieres tener una casa limpia y sin desorden? Si te centras en el producto final cada vez que empieces a distraerte, empezarás a entrenar tu mente para que no se desvíe sólo porque esta parte del trabajo pueda ser aburrida o estresante.

Date cuenta de que no puedes hacerlo todo en un día. Miguel Ángel tardó años en pintar la Capilla Sixtina. Escribe los pasos que crees que debes dar para alcanzar tu objetivo. Algunos objetivos pueden necesitar menos pasos que otros. Algunos objetivos son más urgentes que otros. Si estás buscando un nuevo trabajo y actualmente estás trabajando, probablemente puedas tomarte tu tiempo y elegir el trabajo que consideres perfecto. Si no está trabajando actualmente, es posible que tenga que aceptar la primera oferta realmente buena y trabajar allí mientras continúa su búsqueda. Todo depende de lo que necesites para completar tu vida.

Así que elija una o dos cosas que deba hacer cada día para ayudarle a alcanzar su objetivo y comprométase a hacerlas. Hágalas a primera hora de la mañana, si es posible, para que las haga mientras su mente y su cuerpo están frescos, y le ayude a quitárselas de encima. Si estás buscando un nuevo trabajo, comprueba las notificaciones de tu correo electrónico mientras desayunas para ver si se ha publicado algo nuevo en las páginas de empleo que sigues. Si tu objetivo es tener una casa libre de desorden, asegúrate de que los platos del desayuno están lavados y guardados o, al menos, enjuagados y metidos en el lavavajillas.

Y aunque tengas en mente el resultado final, intenta no insistir en él. La mayoría de los objetivos que merecen la pena tardarán unos días o semanas, o incluso meses, en cumplirse. Si lo único que ves es el objetivo al final, te desanimarás y lo dejarás, o volverás a procrastinar, así que no tienes que centrarte en el objetivo. Tienes que centrarte en el mínimo trabajo posible para conseguir tu objetivo en ese momento. Con el tiempo, te darás cuenta de que esto es bastante fácil, y probablemente harás mucho más que tu objetivo diario en algunos días. Sólo tienes que comprometerte a hacer el mínimo y asegurarte de que lo haces a diario.

Amanda está tan obsesionada con la idea de un hogar impecable y en buen estado que no puede concentrarse en cómo conseguirlo. Así que Amanda se ha comprometido a realizar dos tareas diarias que no son negociables. Todas las mañanas revisará el correo en el escritorio para ver qué facturas están por vencer y hay que pagar. También vaciará el lavavajillas y guardará todos los platos limpios, dejando el lavavajillas vacío para todo lo que se ensucie durante el día.

Procrastinador desafiante

El procrastinador desafiante es quizá su peor enemigo porque se niega a hacer nada; no cree que sea necesario hacerlo. Sabe cuáles son sus responsabilidades, pero no quiere hacerlas. Algún pequeño demonio interior está librando una guerra con la parte de ti que quiere ser responsable y te está haciendo ver que no eres capaz de llevar tu vida de adulto. Por lo visto, ese camino no está funcionando tan bien como esperabas, y te has convertido en un procrastinador.

La clave para ti es formarte una imagen en tu mente de lo que quieres exactamente de la vida. Escribe algunos objetivos en un papel para tenerlos a mano y consultarlos siempre que sea necesario. Ahora tienes que comprometerte con la idea de que en la vida no todo es juego, y que habrá momentos en los que tendrás que hacer cosas que no quieres hacer para conseguir tu objetivo. Esta es probablemente la forma de procrastinación más difícil de superar porque el problema está dentro de ti, no es una fuerza externa que puedas eliminar.

Tendrás que tener en mente una imagen clara de tu futuro objetivo, y sólo tú puedes decidir si merece la pena trabajar lo suficiente para conseguirlo. A continuación, elige dos actividades que te ayuden a acercarte a la consecución de tu objetivo y hazlas cada día. Asegúrate de que las tareas no sean tan complicadas como para que sean imposibles de hacer, y que estén directamente relacionadas con tu objetivo deseado.

Brantley se da cuenta de que sólo él puede retomar el camino y hacer lo necesario para seguir en la universidad y en el equipo de fútbol que tanto le gusta. Se ha comprometido a no faltar a ninguna clase ni a los plazos de las tareas durante el resto del semestre. También hablará con sus profesores individualmente y verá qué tareas podrá completar y entregar para obtener al menos un crédito parcial. Es consciente de que, a menos que haga un buen papel en la universidad, nunca podrá matricularse en la facultad de Derecho.

Procrastinador exagerado

Si este es tu caso, tienes que tomar muchas decisiones. Intentas ser todo para todos. No eres capaz de decir que no a nadie. Una parte de ti puede sentir que el mundo se caerá si no te ocupas de él. Pero esto simplemente no es así. Tendrás que decidir dónde pones el límite.

Repasa tus actividades una por una para que puedas ver exactamente en qué estás involucrado. Muchas personas no se dan cuenta de la cantidad de compromisos que han aceptado hasta que lo anotan todo y lo miran. Una vez que tengas todo anotado en una lista, tienes que mirar tus actividades una por una y decidir cuál es la más importante, la segunda más importante, y así sucesivamente. Obviamente, un trabajo a tiempo completo o un horario escolar a tiempo completo tendrán prioridad sobre cualquier otra cosa.

Las demás actividades deben ocupar el segundo lugar, el tercero, etc. hasta que toda la lista tenga un número asociado. Los primeros compromisos de la lista son los más importantes y deberán ser atendidos con regularidad. Todo lo demás de la lista deberá ser analizado por usted para determinar si es realmente importante como para mantenerlo en su vida. Así pues, elija los dos primeros compromisos de la lista y comprométase a hacerlos todos los días, o con la frecuencia que sea necesaria. Hazlo durante al menos dos semanas antes de añadir otros compromisos de uno en uno, y no vuelvas a añadir nada a menos que realmente quieras hacer ese elemento.

Melanie hizo una lista de todos sus compromisos y eligió sólo los dos más importantes para hacer durante dos semanas. Obviamente, ir a trabajar es la prioridad número uno. Sólo trabaja a tiempo parcial porque vive en casa de sus padres y no paga alquiler. Esto le deja tiempo para atender las necesidades de sus padres, como llevarlos al médico o al supermercado. Todas las demás actividades quedan en un segundo plano por ahora.

Capítulo: 14: ¿Eres un

Procrastinador?

Cuando estaba en la escuela de posgrado, siempre me daban hasta doce semanas para escribir mis trabajos de investigación. Tenía lo que equivalía a tres meses para generar ideas, hacer la investigación y escribir un trabajo de veinte páginas. Inevitablemente, trimestre tras trimestre, esperaba hasta la última semana para empezar el trabajo. Me quedaba despierta durante días; me estresaba, me preocupaba y me agotaba para poder terminar el trabajo y entregarlo a tiempo. Cada trimestre, juraba que empezaría pronto, y cada trimestre, procrastinaba hasta la última semana y pasaba por la misma tortura autoinfligida. Es más, conocía a muchos otros que hacían lo mismo, algunos incluso esperaban hasta los tres últimos días. A lo largo de los años, he conocido a numerosas personas, algunas de ellas con bastante éxito, que habitualmente procrastinan asuntos importantes de todo tipo.

Esperar hasta el último momento parece ser una práctica tan antigua como la propia humanidad. Las denuncias y discusiones sobre la procrastinación se remontan al menos a la antigüedad clásica, en la que encontramos al filósofo Hesíodo en el siglo V a.C. que advertía de los males de posponer las cosas. La cuestión de por qué lo hacemos es igual de antigua; aún más compleja es la forma de ver el problema. Mientras que algunos sostienen que la procrastinación beneficia en realidad a quienes dicen trabajar mejor bajo presión, otros creen que la procrastinación es perjudicial en todas sus formas.

Una forma de empezar a analizar este asunto es diferenciar la procrastinación de otras formas de actividad mental que pueden no implicar hacer algo físicamente, pero que, sin embargo, implican la dedicación de la mente a una tarea. Hay quienes dedican tiempo a reflexionar sobre los problemas y a planificar mentalmente cómo llevarlos a cabo, y dado que se trata de actividades mentales, es fácil que parezcan formas de procrastinación, cuando en realidad suelen ser fundamentales para lograr algo. Los expertos definen al verdadero procrastinador como alguien que, literalmente, llega a una tarea con una ausencia total de progreso: no ha hecho nada para comenzar mentalmente el trabajo. Mientras que los que planifican y preparan mentalmente una tarea pueden esforzarse por completarla a medida que se acerca la fecha límite, el verdadero procrastinador no hace nada en absoluto hasta el último minuto. Es más, la idea de que cualquiera trabaja bien bajo este tipo de presión ha sido desmentida por los investigadores, que han demostrado que el verdadero procrastinador simplemente sufre más la ansiedad y el estrés de llegar tarde a una fecha límite, y su trabajo se resiente por las prisas por terminar. No hay ningún beneficio para la persona que procrastina, ni hay ninguna calidad medible para completar el trabajo en el último minuto.

Volviendo a mi experiencia en la escuela de posgrado, puedo ver que, aunque esperé hasta la última semana para empezar a escribir mi trabajo, no era una verdadera procrastinadora. En realidad, pasé semanas preparándome para escribirlo; había estado tomando notas, leyendo y planificando durante todo el curso. Y tenía un conjunto completo de temas trazados, aunque me había dejado poco más de una semana para escribirlo. Mis compañeros, que realmente esperaron hasta los últimos días del trimestre, se sintieron positivamente acosados en sus intentos de terminar su trabajo. Por lo general, recibían malas notas en sus trabajos, y muchos de ellos nunca terminaban la carrera. La idea de que algunos de nosotros trabajamos mejor bajo presión no parece sostenerse bajo el escrutinio científico, e incluso anecdótico.

Nos queda entonces la pregunta de por qué lo hacemos. ¿Por qué tantas personas procrastinan cuando es bien sabido que posponer las cosas nos hace sentirnos miserables y da lugar a un trabajo deficiente? Una respuesta es que algunas personas carecen de una estructura para sus proyectos o tareas. Esto es especialmente cierto en nuestra época debido a la libertad que tienen muchas personas en cuanto a la forma de hacer su trabajo.

A diferencia de épocas pasadas, en las que la gente solía tener un horario rígido y estaba bajo el control inmediato de un supervisor, gran parte del trabajo que caracteriza a la economía contemporánea se realiza en lugares de trabajo no tradicionales y, a menudo, en casa. Para algunos, la falta de una estructura rígida les hace perder la concentración necesaria para mantenerse en la tarea. Parece seguro decir que los estudiantes siempre han lidiado con este problema, ya que las escuelas de cualquier nivel proporcionan una gran cantidad de estructura, pero una vez que son libres de hacer el trabajo fuera del aula o de sentarse a ver la televisión (o cualquier otra distracción del trabajo), muchos estudiantes pierden la concentración que necesitan para seguir con las tareas importantes. El empleado que trabaja fuera del entorno laboral tradicional, al igual que el estudiante, comparte este obstáculo. Ambos se encuentran sin la organización tradicional que le obliga a uno a ceñirse a una tarea, e inevitablemente empiezan a posponer las cosas, y en algunos casos, a no hacer nada en absoluto.

Gran parte de esto parece obvio, pero vale la pena señalar que cualquier tarea desagradable se convertirá inevitablemente en una fuente de procrastinación. Esto parece ser la naturaleza humana, y es probable que casi todos seamos culpables de ello.

Obviamente, cualquier cosa que no queramos hacer se pospondrá todo lo que podamos, pero también hay quienes reconocen que una tarea es desagradable y, por las mismas razones que muchos de nosotros procrastinamos, estas personas darán prioridad a estas tareas para quitárselas de encima. Aunque esta causa de la procrastinación parece obvia, tiene sus excepciones, lo que complica aún más la forma de abordar el problema de forma más general. ¿Por qué algunas personas atacan la tarea desagradable, mientras que otras la posponen hasta que todo lo que la hizo desagradable en primer lugar se agrava ahora con el retraso?

Además, todas las causas de la procrastinación vienen acompañadas de sus propias soluciones individuales, que serán tratadas en este libro. Baste decir, por el momento, que la procrastinación conduce generalmente a un bajo rendimiento y a un mal trabajo. Las tareas que requieren atención sufren por ser retrasadas, y aunque siempre podemos encontrar excepciones a esto, el hecho sigue siendo bastante cierto en todos los casos: aquellos que procrastinan sufren por sus malos hábitos de trabajo y no obtienen ningún beneficio real por posponer las cosas, y el tiempo que se pasa siendo perezoso o incluso relajándose se echa a perder por la cantidad de tiempo que se pasa atrapado en la ansiedad y el estrés por una tarea que requiere atención.

Lo que necesitamos son algunas estrategias reales para tratar el problema de la procrastinación. Necesitamos algunas medidas concretas que cualquiera de nosotros pueda tomar y que nos conduzcan hacia usos más productivos de nuestro tiempo, de modo que nuestro tiempo de inactividad lo dediquemos a relajarnos en lugar de preocuparnos por lo que no hemos terminado.

CAPÍTULO 15: EL MIEDO Y LA DUDA: EL ÚLTIMO ESCOLLO

El miedo y la duda son compañeros constantes de quienes son propensos a la procrastinación. En algunos casos, incluso para los que no son tan propensos a la procrastinación. Estas emociones afectan a cómo te sientes y piensas sobre tus sueños y objetivos y a cómo los abordas. Si permites que estas emociones te controlen, estarás a su merced y evitarás dar esos primeros pasos para alcanzar tus sueños.

El valor no se consigue sin esfuerzo, pero resulta más fácil cuando nos sentimos decididos e impulsados a conseguir lo que queremos. Desgraciadamente, surgirán muchas excusas porque el valor y la determinación son fugaces ante el miedo a lo desconocido.

Estas excusas justifican el mantenimiento de los malos hábitos existentes, la permanencia en un trabajo que se odia o el no perseguir el sueño de tener un negocio propio:

- El trabajo no me supone un reto.

- Me infravaloran, me infravaloran o me faltan al respeto.

- No tengo ningún sentido en mi propia vida, así que a dónde iría de todos modos si lo dejara.

- Tengo que estudiar una carrera de negocios.

- Tengo poco dinero.

- No tengo ni idea de lo que estoy haciendo.

La lista continúa. Puedes sustituirlas por cualquier excusa que se te ocurra. En algunos casos, las razones parecen bastante justificables, como que necesitas el trabajo porque tienes facturas que pagar. Sin embargo, no dejan de ser eso, excusas. Actúan como una manta de seguridad, para que te sientas justificado a permanecer exactamente donde estás.

El deseo aquí no es realmente la necesidad de cambio o la necesidad de alcanzar una meta, es estar *seguro* del camino que deseas tomar. Es el miedo el que habla. Tomar decisiones basadas en el miedo te frenará. Tus preocupaciones, inquietudes y dudas te controlan. Por desgracia, el único resultado es que no haces las cosas que son importantes para ti.

Se nos ocurren tantas excusas como sueños, a menudo más, y seguimos dejando que esos pensamientos nos mantengan donde estamos.

"Quiero hacer gimnasia y ponerme en forma, pero me veré estúpida corriendo sola", o "tengo esta idea para un negocio increíble que va a empezar, pero quiero estar segura de que va a funcionar antes de dejar mi trabajo".

Esperar la certeza es tan útil como esperar la motivación. Cuando vas al supermercado, ¿hasta qué punto estás seguro de que puedes navegar por los pasillos y encontrar las cosas que compras cada mes? Lo más probable es que todo el trayecto se haga sin pensar. Como sabes dónde está todo y sabes lo que buscas, no hay dudas. Esto se debe a que ya has hecho esta tarea un millón de veces.

La certidumbre tampoco es necesaria para empezar. Piensa en una mudanza a una nueva ciudad. No conoces realmente el trazado, pero después de un poco de práctica y de acostumbrarte al nuevo entorno, a la zona, a las carreteras secundarias, pronto eres capaz de navegar por las calles bastante bien.

Te ves obligado a utilizar un nuevo supermercado para tus necesidades de alimentación, pero sigues yendo aunque no estés seguro de si tendrán tu marca favorita de pasta de dientes. Había un elemento de incertidumbre, tal vez incluso una punzada de miedo por ello, y aun así fuiste.

Lo mismo ocurre con nuestros objetivos. La mayoría de las veces queremos sentirnos motivados, llenos de energía y seguros con respecto al trabajo, la vida u otros objetivos. Queremos sentir que nuestra vida tiene sentido y que estamos haciendo lo que realmente importa.

Queremos ser respetados. Queremos prosperar. Sin embargo, nos conformamos con lo seguro, aunque no se cumplan algunos de esos criterios.

La buena noticia es que eres capaz de hacer grandes cambios. Sólo tienes que darte una oportunidad y dejar de esperar el momento perfecto. Como ya hemos dicho, un comienzo imperfecto es mejor que no empezar (véase el capítulo 8).

Por ello, he esbozado algunas ideas o pensamientos que debes tener en cuenta para ti:

1. **Concédase el permiso de avanzar.** Si te estás conformando con algo que no es lo que quieres, date la capacidad de cambiarlo.

2. Recuérdate a ti mismo que vales lo que sea que quieras conseguir.

3. **Empieza desde donde estás**. Ningún atleta se ha convertido en el mejor desde el principio. Tuvieron que empezar en algún sitio, y tú también deberías hacerlo.

4. **Comparte tus planes de cambio**. Comparte tus planes con un amigo cercano o con tu pareja. El hecho de compartirlos te ayudará a afianzarte y ellos pueden ayudarte a rendir cuentas. Es enormemente poderoso apropiarse de lo que quieres diciéndolo en voz alta.

5. Anota **lo que sabes**. Aprende lo que no sabes. Puede que no tengas una idea clara de cómo quieres cambiar, pero sí sabes lo que te hace feliz. Esto incluye las cosas que te gustan hacer. Tal vez sea ayudar en el refugio de perros todos los sábados. Puede ser lo que quieras, siempre que sea tuyo.

6. **No dejes que otras personas maten tu fuego**. Pasa más tiempo con la gente que te construye y deja de lado a los que sólo te derriban. Sal y ponte en contacto con otras personas que compartan tu impulso. No es necesario que sea por las mismas

razones, el punto es aumentar la exposición a lo que será bueno para tu alma.

7. **Dar pasos de bebé.** A veces creemos que la única forma de alcanzar nuestros objetivos es tirarnos de un avión y esperar que alguien se acuerde de meter el paracaídas. Ve a tu propio ritmo. El dicho de que la vida es una carrera de ratas es para que los demás se preocupen. Hazlo tú.

8. Sigue respirando y avanzando (Essig, 2019).

Una cosa más que quiero que tengas en cuenta:

Sentirse tonto o estúpida es sólo porque estás aprendiendo una nueva habilidad. Piensa en cómo un niño pequeño aprende a caminar. Se tropiezan, se caen, se tambalean y nos reímos de lo tontos que son, pero siguen haciéndolo hasta que pueden caminar solos.

Sé tan intrépido como el niño. Aunque nos reímos de lo tontos que parecen, nunca deseamos que fracasen. En general, nadie quiere que tú fracases. Si lo hacen, habla más de sus deficiencias que de tus intentos (Clear, 2018).

El fracaso sólo es seguro si decides dejar de intentarlo.

Podemos controlar el esfuerzo, pero no el resultado. Dicho esto, si te has esforzado al máximo y el resultado no ha sido el esperado, no significa que seas un fracasado, simplemente significa que debes reevaluar e intentarlo de nuevo (Shiffmann, 2016).

Después de todo esto, es posible que aún sientas que las dudas anidan en tu cabeza. Piensas para ti mismo: "Me estoy esforzando mucho, pero tal vez no deba tener éxito en esto", o "Quiero presentarme a una competición de culturismo, pero ¿y si no lo consigo?". La duda sobre uno mismo puede ser paralizante. *Si le haces caso.*

Superar estos obstáculos es más fácil de lo que crees:

1. **Detente**. Cuando estos pensamientos negativos aparezcan, apáguelos. Interrumpe el ciclo de la negatividad.

2. **Habla con alguien**. A menudo, apoyarse en un amigo cercano o en un ser querido le ayudará a lidiar con las emociones negativas, y pueden ayudar a ofrecer algo de claridad.

3. **No compares**. Tú estás triunfando a tu propio ritmo. Claro que puedes inspirarte en otros, pero no caigas en la trampa de compararte con los demás. Todo el mundo se mueve a diferentes velocidades.

4. A **la gente no le importa**. Preocuparse por lo que los demás piensen de tus sueños, planes y acciones para conseguirlos no te hará ningún favor. Lo más probable es que estén pensando en sus propias vidas, planes, etc.

5. **No todo gira en torno a ti**. ¿Tu jefe te ha gritado o un compañero de trabajo te ha dado la espalda? Puede que tengan sus propios días malos y, la mayoría de las veces, no tienen la intención de arremeter. Piensa en cuántas veces te has enfadado con un miembro de tu familia a causa del estrés.

6. **Los contratiempos son inevitables**. La buena noticia es que sólo son temporales. Son simplemente experiencias de aprendizaje.

7. **Prepárese**. ¿Te preocupa hablar ante un grupo numeroso de personas? Perfeccione sus habilidades, investigue.

8. **Sé amable contigo mismo**. A menudo tenemos la tentación de enfadarnos y gritarnos a nosotros mismos por la falta de motivación o el mal comportamiento repetitivo, pero lo que funciona mejor a veces es ser amable y ofrecer cambios constructivos. ¿Distraído por esa nueva serie de televisión? En lugar de enfadarte por perder otro día, limita el tiempo que pasas viendo la televisión. Esconde el mando a distancia o lo que sea necesario para salir de la rutina.

9. **Celebre sus victorias**, por pequeñas que sean.

10. Acepte **que los planes cambien**. Obligarse a mantener algo que no funciona es contraproducente. Puedes ajustar tus objetivos y enfoques a medida que adquieras nuevos conocimientos (Edberg, 2019).

CONCLUSIÓN:

La procrastinación puede resultar bastante difícil de superar y, a menudo, la gente se rinde con demasiada facilidad. Sin embargo, al tener en cuenta cada uno de los puntos tratados en este libro y aplicarlos a su propia vida como estrategias de superación de su tendencia a procrastinar, encontrará que no sólo tiene más éxito en la reducción de la ocurrencia de la procrastinación, sino que tiene una comprensión mucho mejor en cuanto a por qué usted está inundado con repentinos impulsos de comer montones de papas fritas, mientras que el atracón de ver *Ley y Orden* por séptima vez.

Lo importante es recordar que la procrastinación no es una gran cosa maligna que hay que matar. Piensa en ella como si fuera un perro grande y peludo que disfruta tumbándose en tu flamante sofá de cuero y mordiendo tus zapatos: sólo necesita un poco de entrenamiento.

Referencias

Bilyeu, T. (2017, January 31). *Mel Robbins on Why Motivation Is Garbage | Impact Theory* [Video file]. Retrieved from https://www.youtube.com/watch?v=LCHPS079rB4

Burton, N., M.D. (2015). What's the Difference Between Procrastination and Laziness? Retrieved from https://www.psychologytoday.com/intl/blog/hide-and-seek/201505/whats-the-difference-between-procrastination-and-laziness

Carey, T. (2015). Making Good Choices. Retrieved from https://www.psychologytoday.com/us/blog/in-control/201508/making-good-choices

Clear, J. (2018). Procrastination: A Brief Guide on How to Stop Procrastinating. Retrieved from https://jamesclear.com/procrastination

Clear, J. (2019). The Only Productivity Tip You'll Ever Need. Retrieved from https://jamesclear.com/productivity-tip

Daftardar, I. (2018). Why Do We Procrastinate? Retrieved from https://www.scienceabc.com/humans/shocking-origin-procrastination-biological-point-view.html

Diaz, C. (n.d.). Negative Thinking Versus Positive Thinking. Retrieved from https://www.the-benefits-of-positive-thinking.com/negative-thinking-versus-positive-thinking.html

Edberg, H. (2019). 13 Powerful Ways to Overcome Self-Doubt (So You Can Finally Move Forward in Life). Retrieved from https://www.positivityblog.com/overcome-self-doubt/

Essig, S. (2019). Procrastination and Boredom Go Hand-In-Hand: Flow-Dynamix. Retrieved from https://flow-dynamix.com/procrastination-and-boredom-go-hand-in-hand/

Kadavy, D. (2018). What's the difference between attention to detail & procrastination? Retrieved from https://medium.com/getting-art-done/whats-the-difference-between-attention-to-detail-procrastination-b20358149d0c

Martin, L. L., & Shirk, S. (n.d.). *Immediate-Return Societies: What Can They Tell Us About the Self and Social Relationships in Our Society?* [PDF]. Retrieved from https://pdfs.semanticscholar.org/0013/dd4dba80a024865 6ecde6366eebb47fca938.pdf

Shiffmann, M. (2016). Why You Don't Need to Eliminate Self-Doubt and Fear. Retrieved from https://tinybuddha.com/blog/why-dont-need-eliminate-self-doubt-fear/

Solving Procrastination. (2019). Solving Procrastination. Retrieved from https://solvingprocrastination.com/why-people-procrastinate/#What_is_procrastination

Terra, C. (2013). Adult Autism, Avoidance and Depression. Retrieved from http://www.aspiestrategy.com/2013/04/adult-autism-avoidance-and-depression.html

Uche, U. (2018). Procrastination: Is It Laziness or Is It Clinical? Retrieved from https://www.psychologytoday.com/za/blog/promoting-empathy-your-teen/201808/procrastination-is-it-laziness-or-is-it-clinical

Wax, D. (2019). The Importance of Reminders (And How to Make a Reminder That Works). Retrieved from https://www.lifehack.org/articles/featured/back-to-basics-reminders.html

Ye, L. (2019). The Psychology of Choice: How to Make Easier Decisions. Retrieved from https://blog.hubspot.com/sales/the-psychology-of-choice

www.ingramcontent.com/pod-product-compliance
Lightning Source LLC
Chambersburg PA
CBHW071959150726

47999CB00001B/492